文化自信自强丛书

怎样弘扬中华优秀传统文化

任初轩 编

人民日报出版社
北京

图书在版编目（CIP）数据

怎样弘扬中华优秀传统文化 / 任初轩编 . — 北京：人民日报出版社，2022.12
ISBN 978-7-5115-7584-5

Ⅰ . ①怎… Ⅱ . ①任… Ⅲ . ①中华文化 – 文集 Ⅳ . ① K203-53

中国版本图书馆 CIP 数据核字（2022）第 222809 号

书　　名：怎样弘扬中华优秀传统文化
　　　　　ZENYANG HONGYANG ZHONGHUA YOUXIU CHUANTONG WENHUA
编　　者：任初轩

出 版 人：刘华新
策 划 人：欧阳辉
责任编辑：毕春月　刘思捷
装帧设计：新成博创 XIN CHENG BO CHUANG

出版发行：人民日报出版社
社　　址：北京金台西路 2 号
邮政编码：100733
发行热线：（010）65369509　65369527　65369846　65363528
邮购热线：（010）65369530　65363527
编辑热线：（010）65369521
网　　址：www.peopledailypress.com
经　　销：新华书店
印　　刷：大厂回族自治县彩虹印刷有限公司
法律顾问：北京科宇律师事务所　（010）83622312

开　　本：710 毫米 ×1000 毫米　1/16
字　　数：192 千字
印　　张：16.5
版次印次：2023 年 2 月第 1 版　2023 年 2 月第 1 次印刷

书　　号：ISBN 978-7-5115-7584-5
定　　价：48.00 元

前 言

中华优秀传统文化是中华文明的智慧结晶和精华所在，是中华民族的根和魂，是我们在世界文化激荡中站稳脚跟的根基。在党的二十大报告中，习近平总书记指出"中华优秀传统文化得到创造性转化、创新性发展"，强调"坚持和发展马克思主义，必须同中华优秀传统文化相结合"，要求"传承中华优秀传统文化"。

求木之长者，必固其根本；欲流之远者，必浚其泉源。文化是民族生存和发展的重要力量。中华民族在几千年的历史进程中遇到无数艰难困苦，之所以都能挺过来、走过来，其中一个非常重要的原因，就是世世代代的中华儿女培育和发展了独具特色、博大精深的中华文化，为中华民族克服困难、生生不息提供了强大精神支撑。

中国共产党从成立之日起，既是中国先进文化的积极引领者和践行者，又是中华优秀传统文化的忠实传承者和弘扬者。中华优秀传统文化具有强大的生命力和创造力、独特的文化理想和文化价值，新时代新征程，党员干部特别是领导干部要带头坚持守正创新，推动中华优秀传统文化同社会主义社会相适应，充分展示中华民族的独特精神标识,更好构筑中国精神、中国价值、中国力量。坚定文化自信,继续推动中华优秀传统文化创造性转化、创新性发展,继承革命文化,发展社会主义先进文化,推进文化自信自强,铸就中华文化新辉煌,高质高效建设社会主义文化强国。

中华优秀传统文化源远流长、博大精深,其中蕴含的天下为公、民为邦本、为政以德、革故鼎新、任人唯贤、天人合一、自强不息、厚德载物、讲信修睦、亲仁善邻等,是中国人民在长期生产生活中积累的宇宙观、天下观、社会观、道德观的重要体现,同科学社会主义价值观主张具有高度契合性。新担当新作为,党员干部特别是领导干部要带头坚定历史自信、文化自信,坚持古为今用、推陈出新,把马克思主义思想精髓同中华优秀传统文化精华贯通起来、同人民群众日用而不觉的共同价值观念融通起来,不断赋予科学理论鲜明的中国特色,不断夯实马克思主义中国化时代化的历史基础和群众基础,让马克思主义在中国牢牢扎根。

人民日报出版社汇编《怎样弘扬中华优秀传统文化》一书,期待帮助党员干部特别是领导干部更好弘扬中华优秀传统文化。由于时间仓促,汇编过程中难免挂一漏万,敬请读者指正,以期不断完善。

目 录

01 论文化自信的底气 …………………………………… 陈先达 / 001

02 新时代文化繁荣发展之道 ……………………………… 王 蒙 / 020

03 文化多样化新特点探源 ………………………………… 陈金龙 / 030

04 不断铸就中华文化新辉煌 ……………………………… 李 军 / 039

05 以优质文化产品增强文化认同 ………………………… 单霁翔 / 048

06 永久保存　永续利用 …………………………………… 樊锦诗 / 059

07 科技赋能　创意涌流 …………………………………… 傅才武 / 070

08 让优秀传统文化在孩子心田发芽 ……………………… 温儒敏 / 078

怎样弘扬中华优秀传统文化

09 重视挖掘中华五千年文明中的精华……………… 张岂之 / 087

10 在增强历史自觉与历史担当中创造历史伟业……… 卜宪群 / 097

11 马克思主义与中华优秀传统文化相契合的内在逻辑 陈其泰 / 110

12 深刻认识古籍事业发展的意义和机遇……………… 郝　平 / 121

13 为中华优秀传统文化创新发展注入新动力………… 王震中 / 132

14 天人合一的内涵与时代价值………………………… 郭齐勇 / 141

15 结合时代要求践行人心和善的道德观……………… 吴潜涛 / 147

16 弘扬中华民族协和万邦的天下观…………………… 叶小文 / 153

17 揭示中华文明起源、形成、发展的历史脉络……… 王　巍 / 160

18 中华文明具有开放包容特质………………………… 叶　朗 / 174

19 推进文化自信自强…………………………………… 沈壮海 / 181

20 深刻领悟"中华文化和中国精神的时代精华"…… 商志晓 / 194

目 录

- ㉑ 讲好中华优秀传统文化故事……………………李　薇 / 206
- ㉒ 开创新时代科学文化建设的中国气派……………张玉卓 / 215
- ㉓ 开辟中国特色社会主义文艺理论新境界…………董耀鹏 / 224
- ㉔ 铸就社会主义文化新辉煌…………………………韩　震 / 232
- ㉕ 数字时代古文字的传承和传播……………………黄德宽 / 239
- ㉖ 用马克思主义真理力量激活中华文明……………郭建宁 / 248

论文化自信的底气

陈先达

文化自信需要有底气。文化自信的底气和文化自信是一体两面。高度的文化自信，表明我们文化底气十足；而文化底气越足，越强化我们对文化自信的自觉性和坚定性。没有底气，文化自信是空谷回音的自我呼喊；而没有文化自信，文化底气是镜花水月似有实无。要强化文化自信，我们一定要弄清我们自信的底气何在。

与文化自信相连的自信底气问题，同样是当代中国具有的重大理论和现实性问题。它是经过近代100多年灾难后，中国人重建文化自信的理论与事实依据。深入研究中华文化自信的底气，应该重视优秀传统文化的丰富内涵和特质，但又要越超文化视域。因为文化自信的底气，既在传统文化之中，又在现实之中，它离不开当代中国社会。中国传统文化是文化底气之根，中国共产党和马克思主义是文化底气的中流砥柱，中国特色社会主义伟大成就是文化底气的基础，而正确的文化政策则是维护文化底气的制度化保证。只有把文化自信的底气放在当代中国整体环境中，尤其是放在道路自信、理论自信、制度自信和文化自信的辩证关系中，我们才能以新的精神状态在中国特色社会主义新的发展阶段，在全面建成小康社会的关键时刻继续奋进。

文化自信的底气来自中华文化的特质

中华传统文化是文化自信底气之根。我们的祖先为我们留下了丰富的文化遗产，包括物质文化和非物质文化。中华传统文化在发展的早期，各种思想学派精彩纷呈，多角度地体现中华智慧的全面性和丰富性。恩格斯说过："在希腊哲学的多种多样的形式中，差不多可以发现以后的所有观点的胚胎、萌芽。"这个论断同样适用于中国传统文化。中国历史上思想学派众多，各有持论，各有辉煌，虽有差异，但不是彼此隔绝。《易传》云："圣人有以见天下之动，而观其会通。""天下同归而殊途，一致而百虑。"和而不同，海纳百川，中华传统文化是由各派思想从各种角度切入的关于宇宙人生、治国理政、立德树人相异相成的大智慧，取之不竭、常用常新。

以儒学为主导的中国传统文化的本质是人文文化，它最关注的是现世而非来世，是人间而非天堂——它是人的文化，而非神的文化。宗教的超越性和神圣性往往引导人们与现实相脱离，马克思是极力反对神性化的文化的，他说，"废除作为人民幻想的幸福的宗教，也就是要求实现人民的现实的幸福。要求抛弃关于自己处境的幻想,也就是要求抛弃那需要幻想的处境"。中国历来不是政教合一、皇权与神权共治的国家。传统中国的治国理政,立德教民,是依据思想家的教导和智慧,而非神谕或上天启示。在中国,战国时期诸子百家和历代思想家的学说主要是现实的智慧,而无关来世。范仲淹的"居庙堂之高则忧其民,处江湖之远则忧其君"和张载的"为天地立心,为生民立命,为往圣继绝学,为万世开太平"体现的都是这种世俗精神、人世情怀。

中华传统文化的现实关怀,并非没有超越性和神圣性。中华传统文化把为国家为民族而勇于牺牲作为最高价值,其自身就包含超越性,即超越个人的利益,心中有"大我"而不是"小我";具有神圣性,因为它怀有崇高的理想和信仰,杀身成仁,舍生取义,以身殉道、以身殉国,而不是临难图苟免,贪生怕死。中华民族没有发生过宗教战争,也没有宗教殉教者、没有对宗教战争杀戮者的赞美,有的则是对为国牺牲者的歌颂。屈原的《九歌·国殇》就是对战死沙场的勇士们的歌颂,"旌蔽日兮敌若云,矢交坠兮士争先""带长剑兮挟秦弓,首身离兮心不惩"。2014年4月1日,习近平主席在布鲁日欧洲学院发表演讲并指出:"中国人看待世界、看待社会、看待人生,有自己独特的价值体系。中国人独特而悠久的精神世界,让中国人具有很强的民族自信心,也培育了以爱国主义为核心的民族精神。"

中华文化是极具生命力和创造性的文化,一部中华文化史,同时是一部中华文化思想创造史。历代都有杰出的思想家从不同方面对中华文化积累作出自己的贡献,如积土为山,汇河成海。在中华文化史上，不同时代各有特色和高峰，人才辈出，各领风骚。各个时代都有各自作出突出贡献的思想家和传世经典文本。至于楚辞、汉赋、唐诗、宋词、元曲、明清小说，都是代表自己时代性的文化珍品。中华文化的创造性和时代性特征，中华文化的生命力，是我们文化自信的底气。我们的文化博大精深，历经5000多年发展从未中断，全赖这种创造力。一种没有创造力的文化，就是没有生命力的躯体。尤其处在发展迅速、风云变幻、竞争激烈的当代世界，一个国家仅仅拥有丰富的文化遗产而无创造性，不能创造出与时代相符合的当代文化，不会拥有足以自信的文化底气。文化遗产是历史，它代表先人的创造和智慧。一个民族的文化不仅要源远，还要流长；不仅要根深，还要叶茂；不仅要有传统性，还要有现代性。因为传统文化遗产能否保存，能否发挥它泽被子孙后世的作用，不能只依靠祖先的荫应，而应该是后世子孙的继承、发展和创造。历史证明，民族文化遗产无论怎样丰富，后代都不可能坐享其成。这是北非、西亚曾经辉煌的文明古国的当代命运告诉我们的真理。文化自信的底气不仅来自传统的辉煌，而且更有赖于现实的灿烂。

中华传统文化世俗性和家国情怀的继续发扬与升华，以及它的创造性和生命力，在当代体现为红色文化和社会主义先进文化。近百年来体现为革命的红色文化和社会主义先进文化。红色文化承载着多少代中国共产党人和革命者的心血，无论是昂首阔步戴镣长街行，还是被暗暗处决，抑或是战死沙场，都是在为理想和信仰而牺牲。这种为国家为民族为人民而牺牲的理想和信仰，是神圣的和超越自我的。红色文化是用奋斗和鲜血书写成的有字的和无字的文化。

有字的，是先烈们的著作和充满理想和激情的牢狱书信，像《革命烈士诗抄》和方志敏《可爱的中国》中那些令天地变色、世人泪奔的临刑高歌的绝命诗；无字的，是革命人民和共产党人前仆后继战斗中所包含的奋斗精神。习近平总书记非常重视红色文化。他多次指出，"中国革命历史是最好的营养剂""历史是最好的教科书"，强调"要把红色资源利用好、把红色传统发扬好、把红色基因传承好"。而以社会主义核心价值观为主导的社会主义先进文化，是以人民利益为中心的文化，是为了人民过上最美好生活的文化。可以这样说，当代中国文化自信的底气，既来自我们传统文化博大精深的丰富性与和而不同的包容性和创造精神，也来自体现自强不息民族精神的红色文化的革命性、社会主义文化的先进性和导向性。在当代，如果不重视红色文化和社会主义先进文化作为中华文化重要构成这一现实，就很难全面理解当代中华文化的底气由何而来。

中国共产党和马克思主义是自信底气的中流砥柱

在当代中国，研究文化底气问题，绝不能无视中国共产党作为中国革命和社会主义建设的领导核心地位。中国共产党是中国工人阶级的先锋队，它在中国处于三座大山压迫下时，肩负起推翻旧中国、建立新中国的历史使命，其中就为文化重建和复兴提供了可能性；在新中国成立后，它肩负起全面建设新中国的历史使命。中国共产党不仅发展经济，强国富民，对国家的发展和人民的福祉负责，还要在实践上重建文化自信。毛泽东曾经预言："随着经济建设的高潮的到来，不可避免地将要出现一个文化建设的高潮。中国人被人认为不文明的时代已经过去了，我们将以一个具有高度文化的民族出现于世界。"党的十八大以来，习近平总书记提出实现中华民族伟大复兴的中国梦，并在省部级主要领导干部"学习习近平总书记重要讲话精神，迎接党的十九大"专题研讨班上强调"在新的时代条件下，我们要进行伟大斗争、建设伟大工程、推进伟大事业、实现伟大梦想"。实现"四个伟大"同样要求实现中华文化的复兴。

如果没有中国共产党，就不可能有重振中华民族和中华文化的有组织的政治力量；没有中国共产党领导的革命，就不可能有新中国，就不可能找到重新树立文化自信的道路。如果中国仍然保持旧的社会和旧的制度，中国就不可能是现在的中国，就不可能有现在的文化自信的底气。在研究文化自信的底气问题时，绝不能无视中国共产党不仅是中国革命的领导者，而且是文化建设的领导者，是文化自信底气的中流砥柱这一现实。

社会上曾经刮起小股"民国风"，认为民国时期的文化名人代表了中华民族的文化自信和文化底气。这是一叶障目而不见泰山。从辛亥革命推翻帝制到中华人民共和国成立近40年，是中国由乱到治、由弱到强的社会大变革的过渡时期，是一个混乱而又向前迈进的时期。民国时期总体上经济落后、政治专制、教育落后，文盲遍于国中，但由于社会处于转折时期，在文化上出现过一些名人。但在一个落后的中国，极少数文化名人或曰文化精英，并不能代表当时中国具有文化自信和文化底气。文化自信的本质是民族自信，是整体民族的精神状态。我们敬重其中一些人对中华文化的贡献，但仅凭旧社会极少数文化精英，而无视中国共产党领导的革命胜利和国家重建、社会重建、文化重建，就不可能懂得当代中华文化自信的底气究竟从何而来。中国共产党是中国革命的中流砥柱，也是中华文化复兴的中流砥柱。在当代中国，党政军民学、东西南北中，党是领导一切的，是总揽全局、协调各方的最高的政治力量。削弱或否定中国共产党的领导，中华民族会再度丧失文化自信的底气。办好中国的事情，关键在党。正因为这样，党的十八大以来，以习近平同志为核心的党中央高度重视党建，从严治党，惩治腐败，务必不辜负全国人民对党的信任和期待。

　　与中国共产党不可分的就是马克思主义在意识形态领域的指导地位。马克思主义的指导地位，究竟是有利于创新性发展中华传统文化，还是阻碍中华传统文化的发展？在有些人看来，马克思主义是西方学说，是异质文化，在中国，马克思主义与中华传统文化的"文化冲突"不可避免，它是近代中华文化传统断裂的根本原因。其实，就文化而言，马克思主义的传入，提供了用科学态度审视中华传统文化，辨别精华与糟粕，正确处理继承与创新、传统与现代化的科学态度，有力反对文化虚无主义、反对全盘西化主义和复古守旧的保守主义，从理论上阐述了中华传统文化的精神特质和可继承性。毛泽东曾提出："从孔夫子到孙中山，我们应当给以总结，承继这一份珍贵的遗产。""我们信奉马克思主义是正确的思想方法，这并不意味着我们忽视中国文化遗产。"党的十八大以来，习近平总书记对如何对待中华传统文化作出一系列重要论述。事实证明，马克思主义不是贬低中华传统文化，而是提升中华传统文化在世界文化中的地位，是中华文化沿着正确方向发展的导向和推进器。

只要不怀政治偏见的人都可以看到，如果从中国文化生态中排除马克思主义，中国传统文化的创造性转化和创新性发展就不可能。如果仍然是对历史上传统的解释理论和研究方法亦步亦趋，就不可能别开生面，讲出新道理、新思想、新体系，形成中华传统文化研究的新高峰。如果排除马克思主义在意识形态领域的指导地位，当代中国将呈现出这样一幅文化图景——占统治地位的仍然是帝国主义文化、封建主义文化，或保守的国粹主义和西化主义相结合的非骡非马的杂拌文化，而不可能是以马克思主义为指导，以中华优秀传统文化为根，并充分吸收西方优秀文化的具有中国特色的社会主义先进文化。如果这样，中国的文化将会倒退100年。

尤其重要的是，马克思主义在中国的传播，当它被中国化成为毛泽东思想，成为中国特色社会主义理论时，就不再是所谓"异域文化"，而是当代中国文化最重要的内容。中国化的马克思主义，不仅内容是与中国实际、与中国历史和文化的结合，而且就语言风格和气魄而言都具有中国文化的特色。我们只要读读毛泽东的《实践论》《矛盾论》《关于正确处理人民内部矛盾的问题》，读读习近平总书记系列重要讲话中的引经据典所显示的中国风格，就能明白它既是马克思主义的，又是中国的。因此，马克思主义的指导作用、马克思主义的中国化，不是外在于中国文化的异质文化，而是中国当代文化的内在灵魂和指导思想，是中国传统文化永葆青春和活力的思想支撑。没有马克思主义基本原理同中华优秀传统文化的结合，在近代西方殖民文化和帝国主义文化的强势攻击下，中华文化很难有文化自信的底气。

在研究中国文化自信的底气时，我们不能忘记构建中国特色哲学社会科学的重要性，要充分认识到繁荣和发展中国特色哲学社会科学，对增强中华文化自信底气有着无可替代的作用。没有现代理论支撑和对中华传统文化阐述的参与，对中国传统文化精髓的理解往往不易到位，不易得到具有时代性和科学性的阐述。中国传统文化讲仁爱、重民本、守诚信、崇正义、尚和合、求大同等许多价值观念，要使其与现时代相适应，获得新生命力，必须有相关的哲学社会科学学科深入阐述它的内容并充分展开有理有据合乎逻辑的理论论证，而不是停留在高度浓缩的格言式的命题上。

我们既要充分发挥哲学社会科学对中华传统文化的科学阐述作用，又要充分发挥中华传统文化在构建中国特色哲学社会科学的思想资源和启迪作用。这两者是不可分割的。不能因为维护中华传统文化的人文特质，而拒绝与当代中国哲学社会科学的"联姻"，拒绝承认中华传统人文文化中可以提供包含科学性的智慧。中华传统文化博大精深，其中包含极其丰富的符合自然规律和社会规律的内容。不能认为一提中华传统文化内涵的科学性问题，似乎就是否定中华文化的人文本质。这种科学性与人文性绝对对立的看法是偏颇的。把中华文化的人文性紧锁在"袖手论道""空谈心性"范围内，是对中华传统文化精髓的误读。

中国特色哲学社会科学的构建，不仅要立足中国实际，面对当代中国问题，而且应该充分利用中华传统文化的思想资源和历史上的实践经验。无论是马克思主义哲学、马克思主义经济学、马克思主义法学、马克思主义史学理论、马克思主义政治学或社会学、管理学、人口学，都可以从中国传统文化中汲取智慧、获得启发。中国哲学中包含丰富的唯物主义和辩证法思想以及关于人和人性的探索；中国经济史和经济学说思想史、中国法制史和司法实践史、中国政治制度史和历代治国理政学说，以及著名思想家著作中与上述学科的相关论述和历史上的实践经验，都可以通过批判地总结、吸收和改造，成为构建中国特色哲学社会科学的思想资源。构建当代中国特色哲学社会科学，如果割断它与中华传统文化的关系，只能永远当西方相应学科的理论和话语的搬运工，具有中国特色的本土化的哲学社会科学就难以建立。

以马克思主义为指导，是中国哲学社会科学区别于西方哲学社会科学的本质特征。以马克思主义为指导，从世界观和方法论来说，就是坚持辩证唯物主义和历史唯物主义。哲学基本问题和唯物主义与唯心主义的区分，是有关世界本体和认识来源及标准问题，而不是到处可贴的标签。从来没有一个马克思主义哲学家把它作为文化划分的标准，说某个民族文化是唯心主义的文化，某个民族文化是唯物主义的文化。

历史上哲学家的历史地位和对文化的贡献，不是简单由唯物主义和唯心主义区分来定位的，而决定于它的体系中包含的哲学智慧。列宁曾经说过："聪明的唯心论比愚蠢的唯物论更接近于聪明的唯物论。"掩埋在泥土中的珍珠仍然是珍珠。唯心主义辩证法大师黑格尔就比旧唯物主义尤其是比庸俗唯物主义对人类思想贡献大得多。正如同旧唯物主义尤其是庸俗唯物主义的错误，并不在于它是唯物主义，而在于它在唯物主义名义下包裹着的哲学缺点和错误。"朱子学"和"王学"都是具有国际性影响的学说。在当代中国,程朱理学和陆王心学对人作为人的道德教化和修身养性,提供了一种具有中国特色的"修养论"和"工夫论",有助于人的主体性确立和道德素质的优化。这是继承儒家哲学重视"成人之学",培养理想人格的哲学的一贯传统,而"致良知"和"知行合一"又是新的发展。但我们不能把程朱理学或陆王心学的命题无限地外推,把它从道德和人格的"修养论"和"工夫论"变为"宇宙论"和"认识论",把"理一元论"和"心一元论"置于马克思主义的辩证唯物主义之上。

中国特色社会主义理论和实践的成就是文化自信底气的基础

在当代中国,中国特色社会主义道路自信、理论自信、制度自信、文化自信是相互依存和相互促进的。我们要在它们的相互关系中研究文化自信的底气。文化自信是最持久和最深厚的自信,它起精神支撑作用,贯穿于道路、理论和制度的自信之中。但我们也应该看到,中国特色社会主义道路、理论和制度的成就,中华民族迎来了从站起来、富起来到强起来的伟大飞跃,极大地增强了文化自信的底气。

新中国成立以来,特别是改革开放以来,我们在坚持中国特色社会主义道路、理论和制度中取得的成就,无比增强了我们文化自信的底气。习近平总书记说:"当今世界,要说哪个政党、哪个国家、哪个民族能够自信的话,那中国共产党、中华人民共和国、中华民族是最有理由自信的。"的确,中国道路、中国理论、中国制度的伟大成就，无比增强中国人文化自信的底气。一个处于半殖民地半封建社会的中华文化，与一个成为世界第二大经济实体、和平发展中的中华文化相比；一个经济落后不断挨打，处于世界边缘时期的中华文化，和日益走近世界政治舞台中央的中华文化相比，哪个更具文化自信的底气，这是不言而喻的。国家的强大、民族的复兴，是文化底气的经济、政治支撑。可以断言，随着2020年全面小康社会的建成和"两个一百年"奋斗目标的实现，中华文化自信的底气会不断提升。

当年，德国学者斯宾格勒在《西方的没落》中，为什么对文化抱着一种悲观主义态度呢？因为西方文化的没落，其实是西方资本主义制度开始没落的映射。资本主义制度在几百年的发展史中，对人类作出了重大贡献，但它逐渐走过了辉煌鼎盛时期。斯宾格勒的文化悲观主义其实是西方社会的资本主义制度开始走向没落的一种预言。文化的活力不可能离开社会经济和政治制度的支撑。中华文化自信的底气，正在于中国道路向世界贡献的现代化的新方案、新式的人民当家作主的民主制度以及不同于西方"普世价值论""历史终结论"和"文明冲突论"的社会发展理论。

当然，中国特色社会主义道路正在往前走，还需要不断总结经验；中国特色社会主义理论体系，要永远保持与时俱进的品质；中国特色社会主义制度需要在实践中不断完善；我们还存在不少社会问题需要解决，需要不断深化改革。随着中国特色社会主义建设不断取得新成就，我们文化自信的底气将会进一步提升。

文化政策是增强文化自信底气的制度化保证

无论是经济建设，还是政治建设，都需要正确的路线和政策。文化建设也是一样。文化建设正反两方面的经验教训，使我们对制定正确文化政策的急迫性和重要性有深切的体会。因为执政党如何对待传统文化，实行什么样的文化政策，对于能否正确处理文化自信中的传统与现代关系至关重要。

从理论上来说，无产阶级对待民族文化传统与资产阶级相比更具科学态度、更具宽阔的眼界和胸怀。当年资产阶级革命的启蒙主义先驱，在继承和吸收古希腊罗马的人文主义方面发挥了重要作用。但随着资产阶级革命的胜利，资产阶级上升为统治阶级，他们最感兴趣的不再是文化传统，而是证券交易所和利润，是对职位与收入的担忧和向上爬的思想。恩格斯在历数资产阶级对待传统文化的不屑态度后说，"德国工人运动是德国古典哲学的继承者"。

当无产阶级还处于被统治地位时，继承民族文化传统只能是一种理论，而不可能是一种现实的政策。中国共产党从自身经验中认识到，传承和发展自己民族的优秀传统文化，不能只停留在理论上，必须变成一项具有理论性和约束性的国家政策，由全党和全社会各相关机构共同实行。中共中央办公厅、国务院办公厅印发的《关于实施中华优秀传统文化传承发展工程的意见》（以下简称《意见》），就表明我们国家对中华传统文化传承和发展重要性与迫切性的认识提到一个新的高度。《意见》对实施中华优秀传统文化传承发展的重要意义、基本原则、总体目标、保障措施以及如何把优秀传统文化融入整个国民教育体系、如何保护传承文化遗产等，都有明确而具有指导意义的规定。中国共产党把中华优秀传统文化的传承和保护，以及使之成为国民教育的组成部分提高到国家文化战略层面，并作为一项各级党委政府和相关机构的责任，提高了全国人民传承发展传统文化的自觉性。坚决执行这一政策，有助于提高文化自信的底气。

中华文化的丰富性及其创造性发展，是中华文化发展上的客观现实。文化自信和文化底气问题是对中华文化的历史唯物主义分析。这是一种超越纯文化的角度，对当代文化自信和底气问题置于社会的总体性分析。这种分析方法比单纯就文化谈文化自信，更会令人信服地认识到，中国共产党的领导和以马克思主义为指导、中国特色社会主义制度的确立和发展，对文化自信底气的增强具有重大价值和意义。

《光明日报》2017年9月11日第15版

> 拓展阅读

文化何以自信与他信

欧阳辉

日前，笔者翻看《傅斯年评传》一书，却被其中钱穆批评胡适的一段文字吸引眼球。"适之晚年在台湾出席夏威夷召开之世界哲学会议，会中请中、日、印三国学人各介绍其本国之哲学。日、印两国出席人，皆分别介绍。独适之宣讲杜威哲学，于中国方面一字不提。"我们姑且不论此事孰是孰非，但它让人追问和思考起一个这样的课题：文化何以自信与他信。

谈起文化何以自信与他信，首先应该回答文化为什么要自信与他信。"如果不发展文化，我们的经济、政治、军事都要受到阻碍"，毛泽东在抗战胜利前夕的论述穿越时空，至今依然振聋发聩。习近平总书记更是明确指出："文化自信是一个国家、一个民族发展中更基本、更深沉、更持久的力量。"今天，一个日益走近世界舞台中央的中国，不仅要具备雄厚的经济实力，更要拥有不可战胜的精神伟力。中国特色社会主义进入新时代，我国文化建设取得重大进展，现代

> **拓展阅读**

公共文化服务体系框架基本构建起来,现代文化市场体系和现代文化产业体系更加健全,国家文化软实力和中华文化影响力大幅提升,人民的文化自信更加坚定,文化获得感幸福感大大增强。一次,笔者跟刚从美国特洛伊大学孔子学院回来的一位老师聊天,她说汉语教学在大洋彼岸飞入寻常百姓家,激起了更多人学习汉语、了解中华文化的热情。这让我们更加充满文化自信,自豪感和幸福感油然而生。

文化自信与文化他信是辩证统一的。文化自信是文化他信的前提和基础,只有坚定文化自信,文化他信才有明确的方向,才有坚定正确的立场。文化他信是文化自信的追求和目标,只有努力赢得文化他信,文化自信才会不断增强,才会更加坚定。坚定文化自信,赢得文化他信是一个复杂而漫长的过程,不可能毕其功于一役、一蹴而就,必须善作善成、久久为功。

从坚定文化自信到赢得文化他信,应大致遵循文化呈现、文化认知、文化认同、文化自觉、文化自信、文化自强、文化他信的发展脉络。众所周知,文化自信一经提出便广受关注,如何理解和落实成为热点话题。然而,从笔者了解的情况看,有的单位在增强文化自信上不会或不愿遵循其发展脉络,仍存在"后知后觉",甚至"不知不觉"的问题。

> **拓展阅读**

2017年，笔者去某中学参加活动，一些教室的墙上竟然挂着"二十四孝"的图画。这是比较典型的没有分清传统文化中精华与糟粕的现象，如其中的卧冰求鲤、埋儿奉母，或脱离常识，或不近人情，或与现代文明脱节。诸如此类的文化呈现，让人如何认知认同，文化自觉、自信、自强从何而来。在传承发展中华优秀传统文化中增强文化自信，必须坚定扬弃的立场，坚持创造性转化、创新性发展，仅凭一时热情甚至"跟风"，这是无法真正建立起文化自信的。

增强文化自信不能"过热"，更不能"过冷"，犯"时热时冷、时冷时热"病也不行。今年笔者去某高校参加学术研讨会，只见该校管理学院主墙上挂满了西方"大家"的大小照片和英文简介，跟几位学者探讨"枫桥经验"的现实启示，他们却支支吾吾、一笑了之。"古为今用、洋为中用，取其精华、去其糟粕"是被历史验证过的，是非常必要和有效的。但文化自信是指中国特色社会主义文化自信，突出的是中国特色，彰显的是社会主义本质。如果具有浓厚的中国特色、中国风格、中国气派的中华优秀传统文化、革命文化和社会主义先进文化都不愿呈现、难以认知认同，文化自觉、自信、自强只能是"水中月""镜中花"，又岂敢奢求在文化上赢得"他信"。

拓展阅读

文化自信源于中国特色社会主义伟大实践，源于深厚的文化根脉和独特的文化优势，源于对我国文化建设中问题的清醒认识和准确把握。马克思曾指出："问题就是时代的口号。"进入新时代，在增强问题意识中坚定文化自信，就会找准引领时代进步的精神坐标，增强前行的决心和信心。如何着力推进文化事业产业高质量发展，激发文化创新创造活力，增强人民文化获得感幸福感；如何着力推动文化体制机制创新完善，以文化体制改革的新气象新作为促进社会主义文化繁荣兴盛等，都是亟须破解的难题、化解的矛盾。我们必须以习近平新时代中国特色社会主义思想为指导，坚定不移走中国特色社会主义文化发展道路，坚持目标导向、问题导向、实践导向相统一，坚持战略规划、协同推进、重点突破相结合，在发现问题、解决问题中增强人民的文化自信、赢得世人的文化他信。

文化自信不仅在于文化自强，而且在于有没有"他信"。可以说文化他信是文化自信的发展结晶，文化他信不断发展，文化自信更加坚定。英国著名历史学家汤因比说过："避免人类自杀之路，在这点上现在各民族中具有最充分准备的，是两千年来培育了独特思维方法的中华民族。"这种"独特思维方法"就是天人合一，允执厥中，仁者爱人，

拓展阅读

以和为贵，和而不同，众缘和合。这样推陈出新的文化、这样促进人类命运共同体建设的文化，正是当今中华文化走出去的新招牌和精气神，正是讲好"中国故事"的题中应有之义，传播好"中国声音"的最美之音。近年来，中华文化海外传播成效显著，赢得了国际友好人士的广泛"他信"，增强了中国人民的文化自信。但仍有一些认识上的差异需要统一，如中华文化既属于中华民族也属于全人类，深刻认识中华文化的世界价值，就会更好推动中华文化的海外传播。

新时代文化繁荣发展之道

王　蒙

习近平总书记在庆祝改革开放 40 周年大会上的重要讲话中强调:"积极培育和践行社会主义核心价值观,推动中华优秀传统文化创造性转化、创新性发展,传承革命文化、发展先进文化,努力创造光耀时代、光耀世界的中华文化。"文化兴国运兴,文化强民族强。新时代文化建设要与中华民族走向强起来的伟大进程相适应,不断推动新时代文化繁荣发展,努力建设社会主义文化强国。

党的十八大以来,以习近平同志为核心的党中央带领全国人民坚持发展社会主义先进文化,加强社会主义精神文明建设,培育和践行社会主义核心价值观,传承和弘扬中华优秀传统文化,坚持以科学理论引路指向,以正确舆论凝心聚力,以先进文化塑造灵魂,以优秀作品鼓舞斗志,爱国主义、集体主义、社会主义精神广为弘扬，时代楷模、英雄模范不断涌现，文化艺术日益繁荣，网信事业快速发展，全民族理想信念和文化自信不断增强，国家文化软实力和中华文化影响力大幅提升。

推动新时代文化繁荣发展，必须坚持以习近平新时代中国特色社会主义思想为指导，坚守中华文化立场，坚持为人民服务、为社会主义服务，坚持百花齐放、百家争鸣，坚持创造性转化、创新性发展。要针对新时代文化多样化发展的新特点，既弘扬社会主义文化主旋律，又包容积极健康的多样性，同时大力整治庸俗、低俗、媚俗问题，加强行业自律。

推动新时代文化繁荣发展，要善于汲取一切有利于增强文化生命力与文化软实力的新观念、新理论、新技术、新手段，如吸收借鉴自然科学与人文科学的前沿成果，积极开展学术方面的争鸣研讨等。善于向经典学习、向传统学习、向一切先进文化学习，见贤思齐，学而时习之，正是中华文化永葆青春的奥秘所在，我们要传承好、发扬好。

推动文化产业高质量发展，生产出更多广受大众欢迎的文化产品，是满足人民日益增长的美好生活需要、推动新时代文化繁荣发展的重中之重。既要重视拓展国内国际文化市场，更要重视提高文化产品的品位和内涵。为此，需要建立和完善监管体系，提高媒体的文化尊严与精神境界。

推动新时代文化繁荣发展，通过设立文艺奖项和文艺家荣衔、学衔等手段，强化对文化人才的尊重、引领、培育、凝聚，推动形成与中国悠久历史、国际地位相适应的文化人才阵容，不断攀登人类文化高峰。这不仅有利于倡导崇高信念、时代精神、学术研究与工匠精神、技艺传承，而且有利于培育为学荣耀与献身真理的热忱。要注重发挥文化的日常教化作用，特别是从青少年抓起，进行公民文明教育，包括文明礼貌、尊重他人、关心弱者、爱护公物、遵纪守法、包容理解等。注重促进自媒体等新媒体健康发展，扶正祛邪，拒绝网络乱象，抵制文化垃圾。大力提倡多读书、读经典，要悦读，更要苦读与攻读。

文化不仅表现为文物与名胜古迹、文化活动与文化服务、特定的产品节目，而且更多地表现为人民的素质与精神面貌，以文化人正是中华民族的优良传统。推动新时代文化繁荣发展，必须坚持以人民为中心的价值取向，让人民在日常生活与社会活动中体现出更多的中华文化精神、品格与魅力。文化以点滴浸润见成效。要运用一切文化手段，从教育源头上多下功夫，从日常细节上多加规范，在公民自我教育、自我完善的功能上多加发挥。长期坚持下去，社会就会更有章法，人民就会更加文明，中华文明就会呈现出更加美好、宏大的景象。

《人民日报》2019年3月22日第10版

> 拓展阅读

深耕文学翻译，增进文化交流

许 钧

近年来，形态丰富、特质鲜明的中国文学及作家作品陆续走出国门。"经典中国""丝路书香"等国际出版工程稳步推进，对外翻译推广力度不断加大，传统文学经典接连推出完整新译本，参与国际文学交流的中国作家身影日渐增多，科幻小说、网络文学等"出海"成果显著。总结梳理文学翻译与海外传播的经验启示，对进一步推动中国文学走出去、推动创造性转化和创新性发展具有深远的意义。

翻译往往不是一"本"定音，好的意译与直译各擅胜场

传统文学经典是一个国家和民族精神创造的结晶，也是文学译介备受瞩目的内容之一。由于文学经典的文化内涵深厚，对翻译要求极高，读者对译本的接受也有一个动态的过程，不同历史时期有不同的接受需求，体现了不同时代的精神诉求与审美期待。因此，文学经典的翻译往往不是一

> **拓展阅读**

"本"定音，而要经过不同译本的持续推进，各有侧重，不断丰富和完善对原作的转化。

以古典文学名著《红楼梦》为例，目前最著名的是杨宪益、戴乃迭的译本和英国人大卫·霍克斯的译本。如果根据印刷数目、再版数目、被引用率这些指标来看，霍克斯译本在英语世界的接受和影响要远胜于前者。究其原因，霍译本立足英语读者的认知与审美观念，考量英语读者的阅读习惯，在翻译中挪用了英语文学文化中丰厚的典故、风俗与语言特征去替代汉语原文中特有的修辞、文化与审美意象。中国传统文化中的"萍踪浪迹"，在霍译本中成了"滚石无苔"，"凤翥龙翔"的中华传统意象也被译成更具西方文化特色的"神鸟在天"。某种程度上说，霍克斯通过向目的语靠拢的归化式的翻译方法重构了《红楼梦》。

相比之下，杨、戴译本则以原著为中心，立足于原著的汉语文化传统、审美习惯和修辞特色，试图让西方读者尽量靠近原著所呈现的文化世界。因此不难预料，外国读者会在杨、戴译本阅读过程中遇到理解困难，接受效果自然受到一定程度的影响。

然而，从动态的历史文化观来看，这两部译著并无优劣的差别，而是互为补充。霍译本充分考虑到跨文化接受的问题，

> **拓展阅读**

在翻译过程中有意识地减少阅读障碍，增强作品可读性，起到吸引受众、打开市场的作用。随着中国文化的国际影响力越来越大，世界对中国文化的兴趣日渐浓厚，了解日渐深入，海外读者对杨、戴译本的接受程度也随之提升。如今，杨、戴译本的优势日渐显现，从内容到文体风格更为忠实完整地呈现原著，较好地保留并传递出汉语文化独有的文学魅力、审美理念和艺术价值，展示了文学和文化的本真面貌和深刻意义。

《红楼梦》两个译本的翻译、传播与接受经历，让我们领会到文学对外翻译与传播的多重意义。在主题、故事的再现之外，译本还要传递思想与文化内涵，传达文学和美学上的特质。文学译介往往会经历一个迂回曲折的过程，要放在不断发展的文化交流史视野中进行整体性考量。文学翻译应尽可能地呼应读者接受的精神诉求与审美期待，既融入易于沟通中西文化、拉近审美距离的时代元素，也不能忽视文化底蕴和美学精神的转化表达，从而促进中国文学作品在新的历史与文化空间中焕发新的光彩。

翻译始于语言，成于思想，目的是沟通心灵，引发共鸣

傅雷的翻译是中国翻译史上的一座里程碑。他翻译的

拓展阅读

《约翰·克利斯朵夫》影响了几代人。其翻译成功的重要因素之一，就在于找到了《约翰·克利斯朵夫》中的英雄主义主题与当时中国社会的精神契合点。傅译《约翰·克利斯朵夫》以"江声浩荡"四个字开头，震撼人心。译作与原作不只是词句的转换，更是精神的契合。傅雷选择翻译罗曼·罗兰的《巨人三传》《约翰·克利斯朵夫》等，出于他对民族命运的关切，出于他希望将激情和光明带给读者的拳拳爱国之心。他的翻译不仅具有文学价值，更具有深厚的文化思想价值。

傅雷的翻译启示我们，对"翻译"这两个字要有更深入的理解，把握翻译在文化、思想、社会和创造意义上的多元价值，让文字、文化与思想形成合力。事实上，文学翻译一直和文化走出去紧密相连。一个民族的思想和文化走出去了，有国际影响力了，它的文学才会更为国际读者所关注。同样，真正走出去且能走进去的文学作品，一定也能给人以思想启迪和精神感染。我们在文学译介的作品选择上也要注重这种思想性。无论译介思想典籍还是文学作品，根本目的是要沟通人类心灵，引发精神共鸣，互学互鉴，相互丰富。

中华文化所蕴含的价值观与智慧越来越受到世界关注与接受。以《老子》为例，据统计，目前《老子》已被译成94

> **拓展阅读**

种语言文字，共1927种译本，英文本近600部（篇），其中，21世纪以来问世的英文本就有373部（篇），除纸质本外，还有网络本、漫画图文等多种形式。越来越多的外国读者关注《老子》，结合各自的社会历史境遇赋予道家思想以世界性意义。

再看金庸作品《射雕英雄传》的英译传播。翻译生动再现武林世界的刀光剑影、快意恩仇，对海外读者来说很有吸引力，这正是《射雕英雄传》被称作"中国的《指环王》""中国的《哈利·波特》"而深受海外读者期待的地方。除此之外，我们判断其翻译的成功与否，还要看它是否传递出侠肝义胆的武侠文化和"侠之大者，为国为民"的武侠精神，看这种武侠文化和武侠精神能否引起海外读者对中国历史文化的更多兴趣。只有文字、文化与思想形成合力，才能最大限度地发挥翻译的价值作用。

多元参与，让文化交流更具生机与活力

近年来，通过中国图书对外推广计划、经典中国国际出版工程、丝路书香工程、中国当代作品翻译工程、亚洲经典著作互译计划等，我国主动译出的作品越来越多。与此同时，国外译者和出版方对中国作品的按需选译也日渐突出。

> **拓展阅读**

主动译出与按需选译互为补充,带来更具生机与活力的文学交流生态。

其中,科幻小说《三体》走红海外,最为引人注目。截至2021年10月,《三体》三部曲在全球范围内已有近30种语言的译介,全球销量突破2100万册,成为中国当代科幻的代名词,是中国文学在世界范围内获得广泛赞誉的代表作之一。

以下几点构成了其成功的原因:首先,科幻文学作为一种成熟的类型模式,深受海外读者了解和喜爱,作品接受的渠道较为畅通;其次,《三体》继承了中国传统文学基因,又颠覆了海外读者对中国传统"纯文学"的刻板印象,"有趣""独特""奇妙""超乎想象""发人深思"等成为海外读者评价的高频词;再次,小说故事发生的背景虽然在中国,但关注的是全球人类的共同境遇,在这一层面上获得了共情。当然,更少不了"中国元素"、中国人如何想象未来、如何看待科技与人类的关系等,这些都给海外读者带来了新鲜感。除此之外,《三体》海外传播的成功更得益于一系列自觉开展的海内外交流合作,得益于日渐完善的对外翻译、推广、营销方式。译者的翻译水准、版权经纪人的眼光、出版方的市场推广能力也起到重要作用。

拓展阅读

《三体》让我们看到文学对外译介的更多可能性。一本书到另一本书的翻译过程中，除了译者之外，还隐藏着作者、读者、出版者、研究者、评论者等多重力量。只有将这些因素和力量综合联系起来，形成互动，译介的世界才能真正打开。为一部文学作品找到它的目标受众，译介可为的空间还很大，需要联合各方力量，在翻译主体、合作模式、翻译策略、传播渠道、推介方式等方面加以探索。新媒体时代，更是增加了推广与抵达的选择途径，更多"《三体》"走出去值得期待。

中国文学译介正有源有流有活力地蓬勃展开，为国外读者走近中国文学与中华文化架设了桥梁，推动文化交流互鉴更加频繁、深入。

03

文化多样化新特点探源

陈金龙

文化是以多样化的形式存在的，不同国家、不同民族、不同时代的文化各有其形态、内涵和特点。当前，中国特色社会主义进入新时代。随着不同文明交流互鉴广度、深度的拓展和文化自信的提升，文化多样化的特点更为明显。人民日益增长的文化生活需要，进一步强化了新时代的文化多样化。理解把握新时代文化多样化的新特点，对于准确把握新时代的特征、推动新时代文化繁荣发展具有重要意义。

基于文明交流互鉴的文化多样化

人类文明多样性是世界的基本特征，也是人类发展进步的动力源泉。习近平总书记指出："文明具有多样性，就如同自然界物种的多样性一样，一同构成我们这个星球的生命本源。"世界因多彩而美丽，文明因交流互鉴而发展。当今时代，不同国家、不同民族文明交流互鉴的深化，在推动文明发展的同时，也在促进文化多样化发展。

中国日益走近世界舞台中央带来文化多样化机遇。随着经济实力、科技实力、综合国力和国际竞争力、影响力的不断增强，中国日益走近世界舞台中央，与不同文明交流对话、相互借鉴日益频繁、不断深入，文化空间和文化视野不断拓展。交流孕育融合，融合推动进步，促进新文化的形成。中国一向尊重文明多样化发展，积极促进不同文明平等相待、互学互鉴，努力推动人类文明实现创造性、多样化发展，必将为人类文明发展作出更大贡献，为人类社会进步作出更大贡献。

构建人类命运共同体呼唤文化多样化发展。构建人类命运共同体，是习近平总书记着眼人类发展和世界前途提出的中国理念、中国方案，受到国际社会高度评价，已被多次写入联合国文件，产生日益广泛而深远的国际影响。人类命运共同体是基于文化多样化的共同体，文化多样化是构建人类命运共同体的文化支撑。只有尊重各民族文化存在和发展的权利，促进各民族文化并存互鉴，世界才能走向持久和平、普遍安全、合作共赢。文化差异不应成为世界冲突的根源，而应成为人类命运共同体的基石。尊重文化多样性，以文明交流超越文明隔阂、文明互鉴超越文明冲突、文明共存超越文明优越，构建人类命运共同体的美好愿景才能一步步成为现实。

更高水平的对外开放增强文化多样化趋势。经济全球化是社会生产力发展的客观要求和科技进步的必然结果。尽管当前一些国家单边主义、贸易保护主义抬头，逆全球化暗流涌动，但无法扭转经济全球化的发展趋势。为促进全球开放合作，习近平总书记提出共建"一带一路"倡议。"一带一路"倡议是扩大开放的重大战略举措和经济外交的顶层设计，是破解人类发展难题的中国智慧和中国方案，也是探索全球经济治理新模式、构建人类命运共同体的重要路径，得到国际社会的积极响应。"一带一路"倡议的深入实施，在带动经济合作的同时，也在促进参与国家的文化交流。习近平总书记指出，"一带一路"延伸之处，是人文交流聚集活跃之地。"一带一路"是开放之路，也是文明交流融合之路，正在增强文化多样化趋势。

当今时代，世界范围的文明交流互鉴日益广泛而深入，有力促进了文化多样化发展。随着我国国际地位提升，文明交流互鉴在更大空间、更高层次上展开，文化多样化特征更为明显。

基于文化自信的文化多样化

习近平总书记在中国特色社会主义道路自信、理论自信、制度自信的基础上，又提出中国特色社会主义文化自信的重大命题，并强调文化自信是更基础、更广泛、更深厚的自信，是更基本、更深沉、更持久的力量。文化自信基于文化底蕴和文化胸怀，激发出文化创新创造活力，是推动新时代文化多样化发展的重要因素。

文化自信基于多元的文化底蕴。中国特色社会主义文化由中华优秀传统文化、革命文化、社会主义先进文化构成，这三种文化形态既有继承性，又各有独特内涵和功能。习近平总书记指出，在5000多年文明发展中孕育的中华优秀传统文化，在党和人民伟大斗争中孕育的革命文化和社会主义先进文化，积淀着中华民族最深层的精神追求，代表着中华民族独特的精神标识。这是对中华优秀传统文化、革命文化当代价值的充分肯定，也是对社会主义先进文化表征作用的高度认可。这三种文化形态共同支撑中国特色社会主义文化自信。可见，中国特色社会主义文化构成本身就带有多样化的特点。

文化自信基于博大的文化胸怀。文化自信是一种文化心理、文化态度，也是一种文化胸怀、文化境界。文化自信赋予中华民族面向世界的从容姿态，让我们对外来文化采取开放包容的态度，积极吸收借鉴外来文化的合理因素，努力使其与中国的历史文化传统有机结合起来，实现中国化、本土化，形成新的文化样态。同时，在主流文化占主导地位的基础上，多元文化并存，各种社会思潮不断碰撞、交流与对话。文化自信孕育的博大文化胸怀，催生了新时代文化的多样化。

文化自信激发文化创新创造活力。文化发展具有继承性，文化建设只能在现有文化基础上进行。同时，创新创造是文化的生命所在，是文化的本质特征，任何国家、民族的文化要传承下去都离不开创造性转化和创新性发展。文化自信使文化主体保持对中华优秀传统文化、革命文化的尊重和敬畏，从中汲取社会主义先进文化建设所需要的文化资源。文化自信激发创新创造灵感，成为文化发展的动力。基于文化自信的文化创新创造，让我们在传承既有文化形态的同时形成新的文化形态，从而丰富文化的多样化。

文化自信是新时代文化多样化形成的重要因素，缺乏文化自信就会导致文化封闭，其结果是文化的凋零和衰落。

基于人民文化需求的文化多样化

新时代我国社会主要矛盾已经转化为人民日益增长的美好生活需要和不平衡不充分的发展之间的矛盾，人民日益增长的美好生活需要，既包括物质生活需要，也包括精神生活需要。文化是人民生活不可缺少的要素，是提升人民物质生活和精神生活品质的支撑。不断满足人民的多样化文化生活需求，驱动文化多样化深入发展。

人民文化需求的多样性。文化生产是为了满足文化需求，只有适应不同层次、不同类型的文化需求，文化生产才能实现其价值和意义。人民群众年龄、经历和受教育程度、生活环境具有差异性，其文化需求也不相同，因而文化产品具有多样性特征。高雅文化与通俗文化、经典文化与流行文化、外来文化与本土文化并存，在满足不同文化需求的同时，使文化以多样化的样态存在。

文化生产主体的多元性。坚持公有制为主体、多种所有制经济共同发展的基本经济制度，既体现在物质生产领域，也体现在精神生产领域。近年来，在国有文化企业不断发展壮大的同时，民营经济在文化生产和文化产业发展中发挥着越来越重要的作用。民营文化企业、文化工作室等参与文化产品生产，成为推动文化发展的重要力量。网络作家、签约作家、自由撰稿人、独立制片人、独立演员歌手、自由美术工作者等新的文化群体的形成，壮大了文化创作生产队伍，激发了文化市场活力。不同文化生产主体有不同文化理念、文化追求，也有不同文化生产方式，在满足人民多样化、多层次文化生活需求的同时促进着文化多样化发展。

文化传播手段的多样性。当前，传统文化传播手段仍然具有重要作用，同时，数字传播技术支持下的诸如网络、移动电视、手机、数字报刊等媒体，表现出强大的文化传播能力。传统传播手段与新兴传播技术交互作用，促成传统形态与新型形态的文化产品并存，促进新型文化业态和文化消费模式不断出现，文字数码化、书籍图像化、阅读网络化的发展促进着文化多样化发展。

我们党践行以人民为主体、以人民为中心的价值理念，不断满足人民日益增长的文化生活需要，从而推动文化多样化深入发展。

《人民日报》2019年3月22日第10版

> 拓展阅读

弘扬中华文明蕴含的全人类共同价值

龙国贻

倡导尊重世界文明多样性,以文明交流超越文明隔阂,以文明互鉴超越文明冲突,以文明共存超越文明优越。

习近平总书记强调,"弘扬中华文明蕴含的全人类共同价值,推动构建人类命运共同体"。面对百年未有之大变局和世纪疫情相互叠加的复杂局面,只有树立大历史观、大时代观,坚持平等、互鉴、对话、包容的文明观,才能以世界眼光关注人类前途命运,践行大道不孤、天下一家的行动价值,为人类谋进步、为世界谋大同。

中华文明起源和发展的历史脉络中,蕴含着全人类共同价值的文明基因。作为人类历史上唯一一个绵延五千多年至今未曾中断的文明,中华文明积淀着中华民族最深层的精神追求,代表着中华民族独特的精神标识,为中华民族生生不息、发展壮大提供丰厚滋养。三星堆等最新考古发现和中华文明探源工程等重大工程的丰硕成果,共同实证了我国百万年的人类史、一万年的文化史、五千多年的文明史。中华文

> **拓展阅读**

明讲仁爱、重民本、守诚信、崇正义、尚和合、求大同，注重天人合一、道法自然，强调仁者爱人、德育教化，倡导兼收并蓄、和而不同，蕴含着中华民族的文明特质，体现着世界文明体系的共同规范和普遍价值。

中华优秀传统文化在同其他文明的交流互鉴中不断焕发新的生命力，为全人类共同价值贡献了文明资源。中国共产党在团结带领中国人民实现中华民族伟大复兴的不懈奋斗中，坚持把马克思主义基本原理同中国具体实际相结合、同中华优秀传统文化相结合，不断推动马克思主义中国化时代化，推进了中华优秀传统文化创造性转化、创新性发展。中华优秀传统文化守正创新、与时俱进，在新时代新征程上展现出勃勃生机，构筑起中国精神、中国价值、中国力量的恢宏气象，夯实了我们在世界文化激荡中站稳脚跟的志气、骨气和底气。中华文明永葆执着坚韧的定力、奋起奋发的昂扬、创新创造的活力，必将给全人类共同价值提供强大文明引擎和持续精神动力。

弘扬和平、发展、公平、正义、民主、自由的全人类共同价值，反映了世界各国人民的共同利益、共同理想、共同追求，为共同建设更加美好的世界作出了正确理念指引，一经提出便赢得国际社会的赞誉和欢迎。正如习近平主席在中

拓展阅读

华人民共和国恢复联合国合法席位50周年纪念会议上的重要讲话中强调的:"文明没有高下、优劣之分,只有特色、地域之别,只有在交流中才能融合,在融合中才能进步。"中华文明正是在同各种文明的交流交融中不断发展,在同其他文明的互鉴互通中笃定前行。应对日益突出的全球性挑战、开启更加美好的人类未来,不同国家、不同文明要在彼此尊重中共同发展、在求同存异中合作共赢,倡导尊重世界文明多样性,以文明交流超越文明隔阂,以文明互鉴超越文明冲突,以文明共存超越文明优越。

"一花独放不是春,百花齐放春满园。"当下,世界之变、时代之变、历史之变正以前所未有的方式展开,"世界怎么了、我们怎么办"是全人类的共同课题。历史启示我们,越是艰难时刻,越要坚定信心,尤其要坚定文化自信、保持文明自觉、发扬历史主动。只有坚持弘扬全人类共同价值,全面增进世界各国人民的普遍福祉,历史车轮才能向着光明前景奔驰不息,各美其美、美人之美、美美与共、天下大同的美好愿景才能真正实现。

04

不断铸就中华文化新辉煌

李 军

习近平总书记多次强调,要"不忘本来、吸收外来、面向未来"。这指出了新时代推动文化建设的思想方法和工作方法,为坚定文化自信、不断铸就中华文化新辉煌、建设社会主义文化强国指明了前进方向。

不忘本来:为不断铸就中华文化新辉煌植根塑魂

求木之长者,必固其根本。习近平总书记在庆祝中国共产党成立95周年大会上指出:"在5000多年文明发展中孕育的中华优秀传统文化,在党和人民伟大斗争中孕育的革命文化和社会主义先进文化,积淀着中华民族最深层的精神追求,代表着中华民族独特的精神标识。"这深刻阐明了中国特色社会主义文化的"本来",既包含中华优秀传统文化这个源头，也涵盖在此基础上产生并发展的革命文化和社会主义先进文化。这三种文化有着内在的逻辑关联，不可割裂。不忘本来，就是要坚决守护好我们的文化根脉，对其进行传承与弘扬，为不断铸就中华文化新辉煌植根塑魂。

坚持不忘本来，要坚定文化自信，对中华优秀传统文化、革命文化、社会主义先进文化高度认同、倍加珍惜、大力弘扬。习近平总书记指出，文化自信是一个国家、一个民族发展中更基本、更深沉、更持久的力量。他强调，没有高度的文化自信，没有文化的繁荣兴盛，就没有中华民族伟大复兴。绵延5000多年的中华优秀传统文化包含丰厚的哲学思想、人文精神、道德规范，深刻影响了世界文明，具有不可磨灭的历史作用和时代价值。当今世界，汉语热方兴未艾，孔子学院在很多国家广受欢迎，折射出中华优秀传统文化与日俱增的吸引力、影响力。习近平总书记强调，要系统梳理传统文化资源，让收藏在禁宫里的文物、陈列在广阔大地上的遗产、书写在古籍里的文字都活起来。传承发展中华优秀传统文化不是为了把它当作古董摆设，也不能食古不化，而是要发扬光大，推动其全方位融入国民教育、道德建设、文化创造和生产生活，使其更好地服务现实。我们要进一步弘扬中华优秀传统文化讲仁爱、重民本、守诚信、崇正义、尚和合、求大同的时代价值，使之成为涵养社会主义核心价值观的重要源泉。

坚持不忘本来，要旗帜鲜明地反对文化虚无主义。习近平总书记强调，"优秀传统文化是一个国家、一个民族传承和发展的根本，如果丢掉了，就割断了精神命脉。"中国共产党人始终是中华优秀传统文化的忠实继承者和弘扬者。当前，我国主流思想文化健康向上、正能量强劲，但历史虚无主义、文化虚无主义仍不时沉渣泛起。根之茂者其实遂。如果忘其根本、挪窝倒腾，生搬硬套、强行嫁接，就等于丢掉了精神世界的"身份证"，就无法铸就中华文化新辉煌。千百年来凝聚、积淀的优秀传统文化，在我国革命、建设、改革的伟大实践中形成的革命文化和社会主义先进文化，是融入中华民族血脉的精神基因，是中华民族永续发展的精神支撑。唯有始终植根于中华文化的沃土之中，新时代的文化之树才能根深叶茂。

吸收外来：为不断铸就中华文化新辉煌提供养料和活力

实现文化繁荣发展，既需要不忘本来、植根塑魂，也需要吸收外来、交流互鉴。交流互鉴是文明发展的本质要求。习近平总书记强调，文明因多样而交流，因交流而互鉴，因互鉴而发展。中华文明是在中国大地上产生的文明，也是在与其他文明不断交流互鉴的过程中逐渐丰富、成熟、壮大的文明。吸收外来，就是要善于融通国外各种有益的思想文化资源，大胆吸收借鉴人类创造的一切优秀文明成果，为不断铸就中华文化新辉煌源源不断地提供养料和活力。

综观世界文化发展史，不同文化互相开放、互相交流、互相吸收、互相补充，是人类社会发展的客观要求和必然趋势。历史也昭示我们，一个国家、一个民族的文化，只有广泛吸取外来文化的优秀元素，才会更丰富、更博大，才会具有旺盛生命力；反之，在文化上封闭保守、妄自尊大，必然导致僵化、停滞和落后。当今世界，经济全球化潮流不可阻挡，国与国、民族与民族、文明与文明之间，你中有我、我中有你、相互依存，正在形成人类命运共同体。这必然要求我们加强文明对话和文化交流，在"各美其美"前提下，实现"美人之美，美美与共"。

坚持吸收外来，要更加主动地学习、借鉴、吸收外来有益文化的精髓，坚决摒弃心胸狭隘的排外主义和妄自尊大的自我中心主义，以兼收并蓄、海纳百川的大国气度，了解并理解文化的多样性，尊重其他国家和民族的文化特殊性，开放自信地与之交流、交融和互鉴、互补，避免文明冲突，实现文明和睦。习近平总书记指出，在中外文化沟通交流中，我们要保持对自身文化的自信、耐力、定力。他还强调，热衷于"去思想化""去价值化""去历史化""去中国化""去主流化"那一套，绝对是没有前途的。我们要始终坚持自身文化的主体地位，自信而有原则地吸收他人之长，不盲目选择，更不搞全盘西化。对待外来文化，要立足国情进行中国化，去粗取精、去伪存真，使外来文化中优秀的、有生命力的要素在中国大地上生根发芽、开花结果，成为中华文化的有机组成部分。

面向未来：不断推动中国特色社会主义文化繁荣兴盛

文化具有基础性、引导性，为经济建设、政治建设、社会建设、生态文明建设提供智力支持、精神支撑和价值引领。当前，我们最重要的使命是实现"两个一百年"奋斗目标和中华民族伟大复兴的中国梦。面向未来，不断推动中国特色社会主义文化繁荣兴盛，建设社会主义文化强国，既是实现"两个一百年"奋斗目标、实现中华民族伟大复兴中国梦的题中应有之义，也是强大动力。

到建党 100 年时，我们要实现第一个百年奋斗目标，建成经济更加发展、民主更加健全、科教更加进步、文化更加繁荣、社会更加和谐、人民生活更加殷实的小康社会。到新中国成立 100 年时，我们要实现第二个百年奋斗目标，把我国建成社会主义现代化强国。为实现这一宏伟目标，以习近平同志为核心的党中央确立了"两步走"的战略安排，并明确了每一步的阶段性目标。从 2020 年到 2035 年的第一个阶段性目标中，有"社会文明程度达到新的高度，国家文化软实力显著增强，中华文化影响更加广泛深入"的要求；从 2035 年到本世纪中叶的第二个阶段性目标中，有"物质文明、政治文明、精神文明、社会文明、生态文明将全面提升"的要求。可见，文化繁荣兴盛始终是我们不懈奋斗的重要目标和动力。

习近平总书记指出，文化兴国运兴，文化强民族强。没有中国特色社会主义文化的繁荣兴盛，中华民族伟大复兴是不完全的。建设中国特色社会主义文化，必须始终服从服务于实现"两个一百年"奋斗目标和中华民族伟大复兴的中国梦。纵观人类历史，文化的繁荣发展与国家、民族的繁荣发展总体上是相互对应、彼此支撑的。这启示我们：面向未来，就是要紧紧围绕"两个一百年"奋斗目标和中华民族伟大复兴的中国梦，在继承优秀传统文化和吸收有益外来文化的基础上，不断推进文化创新发展，推动文化由"大"变"强"，使中国特色社会主义文化屹立于世界民族文化之林。这也是坚定文化自信、建设社会主义文化强国的必由之路。

面向未来，不断推动中国特色社会主义文化繁荣兴盛，必须始终坚持以马克思主义为指导。马克思主义是我们立党立国的根本指导思想，这是任何时候、任何情况下都不能动摇的根本原则。我们党自诞生之日起就高举马克思主义旗帜，不断推进马克思主义中国化，形成了革命文化、社会主义先进文化，为中华文化注入了先进的思想内涵。在新时代，我们要始终坚持以马克思主义为指导，坚守中华文化立场，用发展着的马克思主义引领文化建设，不断巩固马克思主义在意识形态领域的指导地位，巩固全党全国人民团结奋斗的共同思想基础。

面向未来，不断推动中国特色社会主义文化繁荣兴盛，必须坚持以创新为引领。事物总是不断发展变化的，过去先进不等于现在先进，现在先进不等于永远先进。思想文化是最需要也最能够进行创新的领域。要充分发挥先进文化的引领、感召、武装、启迪作用，坚持马克思主义一贯倡导的辩证理性和科学扬弃精神，以与时俱进的态度大力创新、不断创新、永远创新。还要看到，吸收外来也有一个如何克服水土不服、消化不良的问题。要解决这一问题，唯有结合实际转化创新。我们党在吸收外来文化为我所用方面从来都秉持学习、借鉴、转化、创新的态度，并取得了令人瞩目的成就。

《人民日报》2019年7月11日第9版

> 拓展阅读

不断强固当代中国文化根基

蒋金锵

当代中国是历史中国的延续和发展，当代中国思想文化也是中国传统思想文化的传承和升华。习近平总书记在主持十九届中央政治局第三十九次集体学习时指出："中华文明源远流长、博大精深，是中华民族独特的精神标识，是当代中国文化的根基，是维系全世界华人的精神纽带，也是中国文化创新的宝藏。"作为当代中国文化根基的中华文明，深刻影响着当代中国发展进步，深刻影响着当代中国人的精神世界，既要薪火相传、代代守护，也要与时俱进、推陈出新。

中华民族创造的具有5000多年历史的灿烂文明，积淀凝聚着各个领域的思想精华。习近平总书记指出："古人所说的'先天下之忧而忧，后天下之乐而乐'的政治抱负，'位卑未敢忘忧国'、'苟利国家生死以，岂因祸福避趋之'的报国情怀，'富贵不能淫，贫贱不能移，威武不能屈'的浩然正气，'人生自古谁无死，留取丹心照汗青'、'鞠躬尽瘁，死而后已'的献身精神等，都体现了中华民族的优秀传统文

拓展阅读

化和民族精神,我们都应该继承和发扬。"习近平总书记的重要论述,展现了中华文明的博大精深,明确了传承弘扬中华文明的使命和责任。新时代新征程,只有不忘本来,我们才能在世界文化激荡中坚守住以爱国主义为核心的民族精神和以改革创新为核心的时代精神;如果忘记了这些根本,数典忘祖、唯西方是从,势必被中国人民和时代潮流所抛弃。

在长期发展过程中,中华文明展示出独特魅力。比如,《论语·学而》倡导的"礼之用,和为贵",《论语·颜渊》讲的"己所不欲,勿施于人",这些思想出自儒家的道德实践,也与道家思想息息相通,得到了世界人民的广泛认同。又如,包括诗经、楚辞、汉赋、唐诗、宋词、元曲、明清小说以及绘画艺术、建筑艺术等在内的辉煌灿烂的中华文化艺术,不仅为中国人民所喜爱,而且得到国际社会的广泛推崇。这些就是更有力量、更入人心的软实力,是我们不断强固当代中国文化根基的着力点。

不断强固当代中国文化根基,还要加强文明交流互鉴。在历史上,西汉张骞出使西域,"凿空之旅"开启了中国同西域各国和平交往的大门,开辟出一条横贯东西、连接欧亚的古丝绸之路。这是一条互尊互信之路、一条合作共赢之路,也是一条文明互鉴之路,为今天共建"一带一路"提供

> **拓展阅读**

了丰富的历史养料。唐代高僧玄奘西行求经取法,往返17个春秋,行程5万里,翻译的佛经被译成多国文字。明代郑和七下西洋,访问过30多个国家和地区,远达非洲东海岸,极大促进了中外文明友好交流。我们党继承和弘扬中华民族"以和为贵""和平交往"等历史传统,推动同世界其他文明交流互鉴,不断提升中华文明影响力和感召力,使当代中国文化根基更加强固。

创新是一个民族进步的灵魂,是一个国家兴旺发达的不竭动力,也是中华文明不断前进的强大动力。不断强固当代中国文化根基,要积极推动中华优秀传统文化创造性转化、创新性发展。习近平新时代中国特色社会主义思想既立足于现实的中国,又植根于历史的中国,以中华文明为源头活水,从5000多年璀璨文明中承继人文精神、道德价值、历史智慧的精华养分,把马克思主义的思想精髓与中华优秀传统文化的精神特质融会贯通起来。新时代新征程,要坚持以习近平新时代中国特色社会主义思想为指导,按照时代特点和要求,赋予中华优秀传统文化新的时代内涵和现代表达形式,激活其生命力;按照时代的新进步新进展,对中华优秀传统文化的内涵加以补充、拓展、完善,增强其影响力和感召力。

05

以优质文化产品增强文化认同

——故宫文创研发的启示

单霁翔

在庆祝中国共产党成立 95 周年大会上，习近平总书记强调："文化自信，是更基础、更广泛、更深厚的自信。"文化自信基于文化认同。在跨文化交流中，文化认同有助于不同文化及其群体在平等关系下，以文明交流互鉴为立场，实现相互理解、相互尊重、相互信任、共同进步。博物馆及其文物富含中华民族文化信息，是人们形成文化认同、加强文化自信的重要资源。多年来，博物馆通过展览等传统方式，滋养人们对中国文化的归属和认同。同时我们也看到，随着时代发展，博物馆传统展陈方式已经不能满足大众日益增长的文化需求和文化消费诉求，还要通过更多途径和方式提供更加丰富的文化产品，在增强中华民族自信心和向心力上发挥更大作用。

故宫博物院是首批全国重点文物保护单位及中国最早列入《世界遗产名录》的国家级博物馆，也是世界上唯一一座年接待观众达千万级的博物馆。截至2016年底，故宫博物院共有1862690件（套）文物藏品。在未来规划中，故宫博物院将持续创新文化传播手段，努力发展成为亿万级访问量的博物馆。基于文化遗产保护的要求，故宫博物院游客数量不能无限增长，因此需要通过构建数字博物馆、研发文化创意产品、出版图书刊物等多种方式，从不同维度、面向不同群体，努力扩大博物馆文化传播广度与深度，真正做到"让收藏在禁宫里的文物、陈列在广阔大地上的遗产、书写在古籍里的文字都活起来"。

创造性转化、创新性发展，要求我们不仅尊重和继承中华优秀传统文化，还要善于转化和发展中华优秀传统文化。故宫博物院文化创意产品研发自2011年起受到社会广泛关注。截至2018年，故宫博物院共研发11900多种文化创意产品。随着文化创意更加丰富及产品品质进一步提升，"故宫文创"在社会公众中的影响力不断提高，逐渐成为故宫博物院进行文化传播的重要载体。故宫博物院在文化创意产品研发过程的一些经验值得总结和讨论。

以弘扬中华文化为目的。博物馆通过深入挖掘丰富文化资源，研发出传统文化元素突出、符合时代审美、贴近观众实际需求的文化创意产品，将文物背后的文化魅力、人文情怀和艺术神韵播种到社会公众心中，滋养当代中国人的精神世界，提振当代中国人的精神力量。与此同时，面向世界发出中国声音，讲好中国故事。自

2015年开始,故宫博物院积极参加国际授权展等国际展会,通过故宫向世界展示中华民族传统文化的深厚底蕴和时代新貌。

以学术研究成果为基础。故宫博物院专家研究成果是文化创意产品研发的宝贵资源。文物专家深入梳理和解读文物藏品内涵,选取特色鲜明,兼具文化价值、艺术价值与情感价值的文物元素,为文化创意产品研发确定方向。设计团队深入挖掘文物藏品的历史渊源、文化寓意、昔日使用场景及背后故事等,让文物气质与产品品质有效结合。2012年,故宫专家和故宫职工根据文物经典性、象征性、影响力等因素,结合文物艺术欣赏价值,从26个文物大类中评选出书画、陶瓷、建筑、金银器等"十大类别"115件代表文物藏品,最终确定《清明上河图》、定窑白釉孩儿枕、冯摹《兰亭序》、角楼、金瓯永固杯等十件"故宫人最喜爱的文物"。实践证明,对这十件集故宫博物院全体专家职工智慧选出的文物,进行文化创意研发,创造出广受关注的精品,实现了社会效益与经济效益相统一。故宫还将专家研究成果与民众感兴趣的话题紧密结合,利用更加亲切、更加喜闻乐见的方式向大众传播优秀传统文化,深受年轻人喜爱。

以文化创意研发为支撑。在注重深度挖掘文化的同时,强调产品的故事性、艺术性、实用性、时尚性、创意性及功能性,提升受众互动体验感,力求多元体现文化创意,使人们正确理解和真切感受故宫博物院所传递的文化信息,更好地构建文化认同感。例如,"海水江崖"系列产品设计元素,提取自寓意"社稷永固"的织绣作品以及永乐宣德青花瓷器藏品。"动意盎然"系列领带设计元素,源自院藏郎世宁绘画作品《弘历射猎图像轴》中飞奔的白色骏马，图案形象姿态豪放、动态盎然，产品有浅灰、浅橘、蓝绿和紫灰4种颜色，符合现代人色彩审美。

以满足公众需求为导向。让中华优秀传统文化与当代文化相适应、与现代社会相协调，焕发新的生机活力，关键要及时了解并充分结合公众需求。过去的博物馆纪念品往往强调历史性、知识性和艺术性，趣味性、实用性和互动性不足，因而容易与社会公众实际需求脱节，特别是对年轻人缺少吸引力。故宫最受欢迎的文化创意产品之一"朝珠耳机"，将耳机功能、传统文化与彰显个性的需求结合起来，颇受年轻人欢迎，成功地将传统文化有机融入现代生活。此外，故宫重视以展览为契机，研发相关文化产品，让公众有机会通过相关出版物、数字技术应用等"把故宫文化带回家"，以不同方式满足公众需求，真正做到文化传播"立体化"。

以提升文化体验为抓手。文化创意产品不是一般商品，它们带着博物馆的烙印，需要用精湛的工艺制造承载优秀文化。故宫博物院在文化创意产品研发过程中，适时提出从"数量增长"转向"质量提升"。不断加强对产品设计、生产、营销各个环节的把控，力争做到"故宫出品，必属佳品"。在改善营销环境方面，针对红墙内古建筑区域，开展"去商业化"行动，拆除昔日占用古建筑的故宫商店临时建筑，还故宫古建筑以尊严，着重塑造产品、环境、文化内涵相协调的整体文化体验空间；将文物商店改造为"文化创意馆"，使之成为博物馆"最后一个展厅"。通过新媒体技术和数字化手段，打造"数字故宫社区"，世界各地的人们都可以通过官方网站、应用软件、社交媒体等渠道在线感受故宫文化魅力，让中国优秀传统文化"飞入寻常百姓家"。

以优化创新机制为保障。不断优化研发和营销机制，为发展文化创意产业提供动力，为中华优秀传统文化创造性转化、创新性发展提供助推力。通过不断引进专业人才，改善自主研发团队结构；通过制定授权管理规定，更好与专业团队合作，保障研发工作的创新性和专业性。

今天，我国越来越多博物馆通过文化创意产品让优秀文化走进千家万户。人们过年贴故宫春联，平日用故宫日历，年轻人踩着敦煌博物馆滑板，用着中国国家博物馆书签，喝着苏州博物馆茶叶，收集各个博物馆胶带做手账……越来越多品牌与博物馆进行授权合作，将文化创意整合进制造业，赋能制造业转型升级，制造业也推动着文化创意创新。更令人欣慰的是，许多年轻人将参观博物馆作为一种新风尚，文化自信在一次次参观游览中不断坚定，文化认同通过一件件文物及其背后故事不断增强。这种强大的文化自信和文化认同，让我们朝着同一个方向前进，为建设中国特色社会主义文化强国固本拓新，为构建人类命运共同体奠定基石。

《人民日报》2020年7月24日第20版

> 拓展阅读

形成革命文物保护强大合力

陈名杰

革命文物是不可再生、不可替代的宝贵财富。加强革命文物保护,是用好红色资源、赓续红色血脉的首要任务。

革命文物是党和国家的宝贵财富

革命文物承载着党和人民英勇奋斗的光荣历史,记载着中国革命的伟大历程和感人事迹,是党和国家的宝贵财富,是弘扬革命传统和革命文化、加强社会主义精神文明建设、激发爱国热情、振奋民族精神的生动教材。党的十八大以来,习近平总书记每每到地方考察,都要瞻仰对我们党具有重大历史意义的革命圣地、红色旧址、革命历史纪念场所。每到一个地方,他都强调要用心用情用力保护好、管理好、运用好红色资源。

北京是马克思主义在中国早期传播的主阵地,是中国共产党的主要孕育地之一,是一座具有光荣革命传统的城市,革命文物丰富、红色基因深厚。北京市坚持以首善标准做好

> **拓展阅读**

革命文物保护利用工作，精心规划建设中国共产党早期北京革命活动、抗日战争和建立新中国三大爱国主义教育主题片区，以重大历史节点为坐标，推动革命文物片区式、主题化打造。以北大红楼为代表的中国共产党早期北京革命活动旧址，记载着以毛泽东、李大钊、陈独秀等为代表的早期中国共产党人的光辉历史和不朽业绩，是伟大建党精神的重要源泉之一。他们掀起新文化运动高潮，唤醒民众思想觉悟；组织发动五四爱国运动，孕育了以爱国、进步、民主、科学为主要内容的伟大五四精神；研究传播马克思主义，点亮革命的真理火种；建立北京的共产党早期组织，推动建立全国范围的共产党组织；深入劳苦大众，领导发动工人运动，把科学理论变成民众的革命行动。北京市抓住建党百年的重大机遇，对北大红楼等中国共产党早期北京革命活动旧址共31处进行保护修缮，深度挖掘红色资源的历史内涵和红色基因，使其成为全社会党史学习教育的生动教材，形成参观热潮，得到社会各界高度评价和赞赏。近年来，北京市还对双清别墅、来青轩等8处红色文物旧址进行保护修缮，恢复原有风貌，规划设计建设香山革命纪念馆，举办《为新中国奠基》主题展览，深入挖掘香山革命历史及其内涵，把香山革命纪念地打造成为激励党员干部不忘初心、牢记使命的党

> **拓展阅读**

性教育基地；全面梳理利用抗战历史资源，服务保障纪念全民族抗战爆发和中国人民抗日战争暨世界反法西斯战争胜利仪式活动，研究制定宛平城卢沟桥区域革命文物保护利用规划，对没有共产党就没有新中国纪念馆等抗战类爱国主义教育基地进行改陈布展，让旧址遗迹成为党史"教室"，让文物史料成为党史"教材"，让英烈模范成为党史"教师"，引导广大党员干部不断砥砺初心、牢记使命。

全面提高革命文物保护质量和水平

保护革命文物，必须坚持保护第一、传承优先。革命文物应当受到严格保护，修旧如旧，保持原貌，才能更好地把革命文物的价值阐释好，把革命文物承载的生动故事讲述好，把红色资源利用好，把红色基因传承好。勘察评估是做好保护工作的前提。革命文物历经风雨沧桑，要对文物本体进行全面系统的健康"体检"，尽可能摸清旧址建筑的保存现状和安全隐患。深入研究是做好保护工作的基础。广泛查阅历史照片、图纸和档案，组织专家反复论证，精心制定保护修缮方案。最小干预是做好保护工作的原则。实施过程中，一定要坚持最小干预原则，加强科学保护，尽可能保留历史信息，展现历史原貌。科学监测是做好保护工作的保

> **拓展阅读**

障。加强对游客承载量的研究论证，加强日常养护和精准管理，常态化开展文物安全监测，重点监测结构安全、相关风险敏感区域和游客影响，及时评估病害风险，落实落细应对措施，为保护好、管理好、运用好红色资源提供数据支撑和技术保障。

保护革命文物，必须坚持系统观念，加强整体保护。系统梳理革命文物保护的特点和规律，实现从抢救性保护向预防性保护转变、从文物本体保护向文物本体与周边环境一体保护转变、从单体文物点状保护向线性遗产、片区文物整体保护转变，做到既应保尽保，又突出重点，确保革命文物的历史真实性、风貌完整性和文化延续性。

保护革命文物，必须夯实基础工作。实行革命文物定期排查制度，摸清摸准资源底数和保存现状，建好革命文物大数据库，推进革命文物资源信息开放共享；逐步落实革命文物日常养护管理制度，及时抢救修复濒危革命文物，守住文物安全底线。目前，全国31个省（区、市）和新疆生产建设兵团均公布了第一批革命文物名录，革命文物工作部门协同不断加强，工作格局更趋优化，投入力度持续加大，革命文物保护状况明显改善。

> **拓展阅读**

保护革命文物是全党全社会的共同责任

保护革命文物要创新体制机制，拓宽革命文物保护社会化渠道，构建党委统一领导、党政齐抓共管、有关部门分工负责、社会力量积极参与的工作格局，形成革命文物保护强大合力。

发挥好党委政府的统筹作用。红色是中国共产党、中华人民共和国最鲜亮的底色。各级党委政府应从增强"四个意识"、坚定"四个自信"、做到"两个维护"的高度，深刻把握保护革命文物的重大意义、使命任务、根本要求，切实增强做好革命文物工作的神圣感、责任感、使命感，把革命文物保护工作纳入重要议事日程，明确发展目标、整体布局、重大项目、主要举措。分批公布各级革命文物名录，将重要革命旧址依法核定公布为文物保护单位；推动革命文物整体规划、连片保护、统筹展示，提供更多制度供给和资源要素支持。各级宣传、党史、党校、文物、文旅、教育、退役军人事务等工作部门应发挥主力军作用，把革命文物保护工作紧紧抓在手里，革命文物管理机构须切实加强管理力量，提高保护质量和水平。

发挥好重点项目的示范带动作用。组织实施一批具有引领性、影响力的革命文物保护展示工程，全面提升重大事件

> **拓展阅读**

遗迹、重要会议遗址、重要机构旧址、重要人物旧居保护展示水平。加强革命文物连片保护，有序推进革命文物的统筹规划、连片保护、整体展示、梯次利用，实现整体保护，形成示范效应。以馆藏革命文物丰富的纪念馆博物馆为重点，组织实施一批馆藏革命文物本体保护、预防性保护、数字化保护示范项目，编制相关标准规范，积累可复制、可推广的好案例、好做法、好经验。

充分调动社会力量参与。创新思路举措，加大民间可移动革命文物征集工作力度，充实革命文物资源库。坚持开放共享原则，营造开放包容的发展环境，通过互联网传播、社会参与、跨界合作等方式，吸引更多社会力量关注革命文物，支持革命文物保护工作，并在参与过程中接受精神洗礼、赓续红色血脉。发展壮大革命文物志愿者队伍，构建参与广泛、形式多样、管理规范的社会动员机制，努力把志愿者队伍打造成为一支流动的宣传栏、身边的扩音器。

06

永久保存　永续利用
——做好新时代敦煌文化的"继承者、创新者、传播者"

樊锦诗

敦煌，是人类历史上不同文化的交汇之地；敦煌石窟艺术，1600多年来绵延至今，体现着中华文化兼收并蓄的气度与胸怀。1961年，莫高窟被国务院公布为第一批全国重点文物保护单位；1987年，莫高窟被列入世界非物质文化遗产，成为我国首批世界文化遗产之一。迄今为止，国际上同时符合世界文化遗产六项标准的遗产地只有三处，敦煌莫高窟是其中之一。

面对这样的敦煌，守护好、研究好、发展好、弘扬好，是我们的使命。2019年8月19日，习近平总书记到敦煌莫高窟视察，肯定敦煌研究院75年来所做的工作，为敦煌研究院未来发展指明了方向。

立足未来，回望几代敦煌人走过的路，应当继续做好敦煌的科学保护和敦煌文化的创造性转化、创新性发展，让人类共有的这一文化瑰宝得以永久保存、永续利用。

文化遗产价值的传播与利用，当以做好抢救性保护和预防性保护为前提

1000多年来，敦煌经历了辉煌，也经历了近500年无人看管维护的荒凉。敦煌研究院第一任院长常书鸿先生刚到敦煌时，眼前一片破败。70多年来，常书鸿先生、段文杰先生，以及几代莫高窟人薪火相续，使留存至今的石窟、彩塑和壁画，逐步得到修复和保护，敦煌昔日的容颜逐渐清晰起来。

经过数十年的抢救性修复保护，我们发现，过去一些修复过的壁画又重新产生了病害。壁画由泥土、矿物颜料、动植物胶制作而成，受风沙侵蚀、地质灾害、洞窟小环境温湿度波动等因素的长期影响，容易产生酥碱、空鼓、起甲等壁画病害，无声无息地侵蚀着这座文化宝库。如果莫高窟被破坏，将无法替代，不可再生。

我们开始对壁画制作材料、病害机理以及保护修复材料和工艺进行深入研究，揭示了环境对壁画造成破坏的规律和原因，对壁画病害的产生机理也有了较为深入的认识，逐步走向针对不同壁画病害采用不同修复材料和工艺的科学系统的修复保护。经过长期不断的研究探索，已经形成一整套壁画保护的技术和规范，使石窟壁画的修复从过去的抢救性保护，转化到形成科学保护体系，使莫高窟许多洞窟的病害壁画得到科学的修复保护，延缓病害产生的速率，同时也推动国内壁画保护科学技术的进步。

当大量壁画得到科学保护之后，我们又向预防性保护过渡，进一步建立起防止环境对壁画本体造成损害的预防性保护体系。规范的预防性保护是现代世界文物保护的发展方向。

不过，各种自然因素破坏和游客参观仍是壁画长期保存的风险因素。为延缓壁画衰变的过程、预防各种病害发生，我们开展了以"莫高窟游客承载量研究"项目为代表的预防性保护研究。研究结果表明，壁画所处环境的温度、相对湿度和二氧化碳阈值，只要处在安全范围内，就会大大降低壁画毁坏衰变的速度。

为此，敦煌研究院在国内文博界率先开展合作，采用物联网技术，建立石窟预警监测体系，采用各种监测设备，对窟外环境温湿度、降雨量、岩体裂隙、沙尘、洪水、地震等进行监测，实时获取危害岩体和洞窟壁画安全的风险因素的变化数据，并采取必要措施预防文物本体灾害的发生。在所有开放参观洞窟安装温湿度和二氧化碳传感器，实时监测洞窟内温湿度和二氧化碳的变化。建立敦煌研究院监测中心，整整一面墙，24个屏幕可切换展示每个开放洞窟的环境变化数据。洞窟相对湿度或二氧化碳一旦超标，监测系统会自动报警，并通过管理措施使开放洞窟暂停开放，得到"暂时"休息。如遇极端气候，也有停止开放等相应的管理措施。

我始终坚持文化遗产需在保护好的前提下合理利用，在开放利用中加强保护。《中华人民共和国文物保护法》制定的"保护为主、抢救第一、合理利用、加强管理"文物保护方针，已明确规定文化遗产保护与利用的辩证关系。

只有做好文物保护，将其贯穿于开发与利用的全过程，方能形成保护与发展的良性循环，保证文物的可持续利用。

"数字敦煌"，摸索出"互联网+中华文明"的创新之路

20世纪七八十年代，在给敦煌石窟建立科学记录档案的过程中，我深深意识到莫高窟洞窟及其壁画退化、病变的严重性。我们试图用胶片拍照和录像的方式，为后人"留下"莫高窟，但是这两种方式不仅精准度和精细度不够，而且胶片放久了会褪色，胶片所拍的照片和录像均无法永久保存。

20世纪80年代末，我到北京出差。一位专家知道我在关注科技保护，带我去看电脑。从那时起我知道了，只要壁画能变成数字图像，就可以永久保存。经过不断琢磨，一个大胆的构想渐渐清晰起来：我们要为敦煌石窟的每一个洞窟及其壁画和彩塑建立数字档案。

我认为，只有把敦煌石窟所有文物的信息数字化，才能切实地让敦煌石窟信息永久保存，才能真正地让后代永续利用。数字敦煌包含两个方向的探索：一是数字化的敦煌壁画信息库建设，真实反映壁画当前状态，真实保存壁画信息，同时将分散在世界各地的敦煌文献、研究成果以及相关资料汇集成电子档案；二是将洞窟、壁画、彩塑以及与敦煌相关的一切文物加工成高级智能数字图像。

20世纪90年代初，敦煌研究院开始了壁画数字化试验。最初效果并不理想。但我们坚信数字技术是唯一能完整记录并永久保存壁画信息的技术手段。因此，我们全力以赴，并且和多家高校展开

合作，在探索和实践中攻克各种难题。直到 90 年代末，我们初步探索出了基于轨道平行拍摄的壁画数字化方法和 VR 虚拟漫游整窟采集方法。目前，我们已探索出彩塑、洞窟和大遗址的三维重建方法。

"文物保护一定要靠科技"。在各合作单位的共同努力下，敦煌研究院已完成 200 余个洞窟的图像采集、100 余个洞窟的图像处理，原本在自然光中看不清楚的细节、被建筑遮挡的壁画，都得以清晰地呈现出来。此外，我们完成 200 余个洞窟的 VR 节目制作，全景式 360 度拍摄；完成莫高窟、榆林窟两处大遗址外景三维重建；完成 4.5 万张底片数字化；等等。所有数据都按规范建立数据档案，不仅推动敦煌保护迈上一个历史性台阶，也推动敦煌学的国际交流，为中国人自己的敦煌学研究助一臂之力。

数字化技术不断成熟，不仅推动敦煌石窟数字化进程，还可以有效平衡文物保护和利用的关系，推动公众共享文化遗产保护成果。大量游客进入狭小的洞窟，会加剧洞窟微环境的劣化，不利于石窟保护。借助先进技术，我们创作了 4K 超高清宽银幕主题电影《千年莫高》和全球第一部展现文化遗产的 8K 高分辨率球幕电影《梦幻佛宫》。参观者可以通过观看这两部数字电影"洞外看窟"，了解石窟历史文化背景、欣赏精美的敦煌艺术。

"实现敦煌文化艺术资源在全球范围内的数字化共享。"这是习近平总书记对敦煌的鼓励和期许。"数字敦煌"使文物"活起来"，从洞窟中走到无法来到敦煌的大众身边，走到世界不同国家和地区，实现敦煌文化艺术的全球共享。"数字敦煌"展览中，观众可以戴 VR 眼镜展开洞窟虚拟漫游；1:1 实景洞窟三维模型的构建，将远在大漠中的千年瑰宝展现在世人面前;"数字敦煌"上线,全球网民只要轻叩鼠标,就可以进入"数字敦煌"资源库,欣赏敦煌动画,高速浏览超高清分辨率图像,并对30个洞窟展开720度全景漫游。

用多好的技术保护和发展文化遗产都不为过。保护和发展文化遗产事业,必须与时代同行、与科技发展相融合。数字技术的发展是数字化、信息化、智能化、智慧化逐步完善和升级的过程。我们应以智慧化为发展方向,站在时代的高度,紧跟科技发展步伐,不断开拓创新。

在倡导"创造性转化、创新性发展"的新时代,面对祖先留下的文化遗产,如何永久保存、永续利用,是时代交付给我们的使命。经过几代敦煌人的摸索与付出,敦煌研究院在这一方面初步积累了适合敦煌、适合我国国情的探索经验。

敦煌只有一个,和敦煌一样,被列入世界文化遗产的文化遗址,在中国大地还有许多;和敦煌一样,不可永生、不可再生的历史文化遗存,在中国大地还有更多——我们以百年大计、千年大计来保护莫高窟,我们也要以同样的历史眼光来保护其他文物古迹;切不可只图眼前利益,而牺牲古老的文化遗存及其赋存环境的真实性和完整性。敦煌保护传承与创新发展之路,或将对大家有所助益。

期待一代代中华儿女不仅可以将中国大地上宝贵的文化遗存完好地交付给后代子孙,还可以为文化遗存的合理适度发展作出自己这一代的创造性贡献。

《人民日报》2020年8月11日第20版

> 拓展阅读

寻找传统文化与现代生活的连接点

萧　放

2021年9月14日，习近平总书记在陕西榆林考察时强调，"要坚持以社会主义核心价值观为引领，坚持创造性转化、创新性发展，找到传统文化和现代生活的连接点，不断满足人民日益增长的美好生活需要。"传统文化是在历史中形成的文化，中国传统文化形成的基础是农业社会。现代生活建基于现代社会，在以信息网络技术为中心的现代社会，我们的生活如何接续与传承农业社会形成的传统文化，满足我们的美好生活需求，是值得思考的现实问题。

传统文化作为数千年的文化结晶，是中华民族凝聚力、创造力与文化自信自觉的重要载体，成为民族文化认同的文化力量，必然构成我们今天日常生活的底色与依存的社会心理基础。我们深知传统文化在维系与服务当代社会方面的重要价值，回答传统文化如何与现代生活的连接，可以从以下三个方面来谈。

> **拓展阅读**

现代人的精神生活需要传统文化的精神滋养

现代人的精神生活需要传统文化的精神滋养,以获取生活信念与精神动力。优秀传统文化是中华民族的根与魂,仁爱、忠恕、信义、和平、和合、中道、刚健等精神概念,是我们中国人自己的传统,也是给予现代社会精神滋养的源泉。我们通过阅读历史文化经典、民间口头传统的传承,以及仪式典礼行为的呈现等多种途径,实现现代人在日常生活中不断追认与传承我们的文化传统。特别是我们通过对先贤与先烈的追念,在思接千载中,获取精神世界的充实与丰盈;在历史故事讲述中,我们重温先辈为民族生存发展曾经历的艰苦卓绝的奋斗历程,由此获得我们中国人的生活信心与向上、向前的精神动力。同时由于现代社会的生活节奏加快,在紧张焦虑的现代生活中,人们可以通过传统文化如书画的欣赏、茶道与太极运动等,实现身心调整,润泽心灵。因此,现代人需要传统文化的浸润与滋养。

现代人的社会生活需要传统文化的支持与服务

传统文化经历了千年淬炼,人们在自然环境中生存与群体社会生活方面积累了丰富的经验与智慧,这些经验与智慧是我们现代人面对自然环境与构建和谐社会生活的文化凭借。

> **拓展阅读**

　　首先，我们看传统社交礼俗。中国有悠久的礼仪文明，礼仪文化发达，在人际关系中，中国传统文化强调以礼相处，有礼则安，不学礼无以立。在社交礼仪中，重视"礼俗相交，患难相恤"的人情互惠与邻里守望相助的温暖。某些乡村村委会通过设立关爱基金，对生活有困难的村民进行帮扶慰问，充分体现了我们"患难相恤"的人情文化传统；在当代城市化过程中，很多村民转变为城市居民，在城市社区中，如何尽快让新居民适应城市生活，就需要调动我们传统的社交人情礼俗资源，通过相互关怀与社区集体活动方式，化生为熟，在新的社区空间建立起新的和谐的人际关系。传统礼俗文化为现代城市社区生活与生命共同体的建设提供了生活范本与实践路径。

　　其次，中国传统文化重视"修身齐家"的道德修养。家庭建设是社会建设的重要组成部分，家风清正来源于传统文化的熏陶，也是当下提倡的新时代的文明实践。中华传统文化重视老人与儿童，提倡孝道与慈爱，我们通过传统的人生礼仪，敬老慈幼。其中值得特别指出的是成人礼，成人礼是青少年走向成人的礼仪，传统冠礼强调通过成年仪式，进行"成人之道"的教育。我们今天同样倡导家庭、社会为青年人举行成人礼，以强固其成人的责任意识与担当精神，培育时代新人。传统家

> **拓展阅读**

庭文化在培育具有家国情怀的民族文化传人、助力现代家庭建设与稳固社会基础方面，具有特别的社会效能。

再次，现代社会是以目标为指向的利益构成，社会成员之间的联系松散，传统文化强调利他原则，强调集体公共生活中的相互依存意识，人们运用超越个人的集体协商方式解决公共生活问题。因此，我们可充分利用传统节会庆典与集体性的民俗生活仪式，在大家共同参与的合作互动中，甚至是比赛竞技中，如端午节的"赛龙舟"，重新营造集体归属意识与共享的情感氛围，从而有效促进地方社会生活与国家政治生活的连接，让现代社会生活成为具有强大内部聚合力量的共同体生活。

现代生活需要传统文化的物质资源支持

现代生活需要传统文化的物质资源支持，以丰富与满足我们日常生活的美好需求。中国传统文化重视生态环境资源的利用，在山海、平原、江河、谷地等多样性空间环境中，形成了独特的环境资源开发利用传统与物质产品设计加工的技艺智慧。我们因地制宜，依时令生活，形成了丰富多彩的民俗饮食文化。民俗饮食传统成为当代日常生活中最鲜活的内容，如广西柳州的螺蛳粉、北京的庆丰包子、嘉兴的

> **拓展阅读**

粽子、宁波的汤圆、武汉的热干面、新疆的手抓饭、东北的豆包、浙江的麻糍,还有各地茗茶饮品如西湖龙井、英山团黄、黄山毛峰、安溪铁观音、武夷大红袍等,这些与地方环境物候物产密切关联的饮食文化,不仅满足了人们日常口腹之需,同时也满足了离开故乡的人们的乡愁,为流动的中国人提供了情感慰藉。

现代社会是以工业产品为物质基础的,工业产品为人们日常生活提供了便捷,但它的通用性不能满足地方日常生活的个性需求,而传统手工艺产品具有一般工业产品不可替代的文化内涵与情感价值,人们以大红灯笼点亮节日,烘托年节气氛,以木版年画与对联装饰门庭,迎春祈福,以佩戴香包清洁身体,以手工织染满足我们对传统审美的需求。同时我们的传统庙会商贸活动,也是满足今天人们日常生活的物质条件,如北方的赶集、南方的赶街,还有各地满足人民商品交易习惯的地方传统节会,都是传统文化服务现代生活的重要途径。

传统文化进入现代社会之后,它主要是以其特有的多方面价值对现代生活予以丰富与补充。更为重要的是,它为当代中国人提供了精神慰藉与文化认同的归属感,为现代社会提供了深厚的文化支撑与前行的精神动力,从而赋予现代生活以通达美好与绵长魅力。

07

科技赋能　创意涌流

傅才武

科学技术发展不断孕育新的媒介、催生新的手段,推动文化艺术形式变革和业态更迭,通过塑造人类的知识体系、思维方式,促进文化的传承创新和繁荣发展。在信息技术变革持续深化的今天,探索科技与文化融合规律,掌握文化创造创新主动权,尤为重要。

文化与科技融合发展推动社会文明进步

科技的阶梯形演进,创造了中华文化丰富多彩的形态。从农耕时代、工业时代到信息时代,伴随从身体表演技术(传统戏曲等)、印刷技术、电子技术到数字信息技术的演进,演艺、印刷出版、广播电影电视和互联网等各种各样的文化形态陆续出现。印刷机、留声机、摄像机、电视信号发射台和电脑、互联网等技术发明,使书籍、绘画、唱片、电影、电视和动漫、网络游戏等艺术形式散布于社会生活的各个角落。当前，社会信息化支撑着文化艺术的创造、传播和接受，建构着人类社会新的文化生活方式。

互联网和数字技术大规模应用于文化领域，增强了文化艺术的表现力和影响力。公共文化资源数字化转换、网络技术大范围应用，为文化生产与文艺创作注入现代元素。以"创意＋科技"为特征的动漫、游戏等为文化提供了新的表现形式与传播渠道。移动互联网和云计算等技术的广泛应用，大大增强了既有文化形态，如演艺、出版、休闲娱乐、文博等的表现力和覆盖面。数字影像、精准推送、数字三维虚拟展示等技术在文化产品和文化场景中的应用，极大增强了文化体验效果，增强了文化行业的活力。

优秀传统文化借助新的技术平台、手段融入当代生活，文化血脉得以延续。社会越发展，人们越敬惜民族的历史记忆和文化传统。近年来，我国开展150处大遗址保护工程，设立23个国家级文化生态保护区，探索建立数字虚拟展览平台，在不破坏文化遗产原真性的前提下，为社会提供沉浸式展览、文旅产品创意设计等服务。困扰文化遗产领域的"保护与开发"的矛盾，借助数字技术手段得到了有效解决。优秀传统文化与当代日常生活的"数字鸿沟"得以弥合，在数字世界获得延续和再创造空间，为其发挥长久影响打下基础。文化遗产保护方式的创新，正是新技术进入文化领域并与文化发展需求密切结合的结果。

文化与科技融合发展促进了社会文明进步。人类科技创新勃发的历史，一直伴随着文化的引领。近现代全球科技进步，与社会文化领域的创造创新密不可分。科学技术为文化发展提供物质和工具支持,文化为科技发展提供社会氛围。进入信息化社会以来,文化与科技互通互融对社会文明发展的推动作用越来越显著。

发挥文化科技对文化传承创新的驱动作用

近些年,数字信息技术的突破性发展,带给文化传承创新以重要机遇。在漫长的农业社会中,文化艺术形式总体特征稳定。工业社会催生广播电影电视等新的艺术媒介,声光电技术令文化艺术面貌一新。今天,具有平台通用功能和深度学习、自我进化功能的数字技术进入文化领域,改变了传统文化艺术形式的发展轨道。目前,人工智能技术业已进入人类情感这一最后"自留地",出现了AI主播、机器写诗、机器书法绘画等"情感计算"。相比于漫长的人类文化演进史,这一质变过程可能会在较短时间内完成,极大压缩文化形态演进的时间,文化传承创新将面临前所未有的新局势。这就要求我们主动作为,大力提升文化科技融合创新对文化发展的支撑作用。

加强文化领域关键技术、共性技术的研发应用,为文化和价值观表达提供新的有力手段。文化的表现力、传播力、感染力,取决于文化的价值内核,也取决于文化的存在形态和表现形式。先进科技通过对文化形态和形式的"升维",赋予文化以强大魅力,显著增强文化软实力。当今信息化时代,科技对于文化传承创新的作用日益凸显。要形成具有强大号召力的文化内容,必须发展先进文化科技,在装备、软件、技术标准和数字化传播渠道等方面加大研发力度，全面提升演艺、出版、印刷、影视、会展、休闲娱乐等文化产品创作能力和表现力、传播力、感染力，为增强文化软实力提供坚实基础。

规划好、建设好数字文化资源库，进一步推动文化资源共用共享。数字和网络技术是实现文化均衡发展和普惠普及的重要手段，数字文化资源共享对于公共文化服务、文化产业发展具有基础性作用。2020年，《关于做好国家文化大数据体系建设工作的通知》下发，国家文化大数据体系建设旨在打通文化事业和文化产业、畅通文化生产和文化消费、融通文化和科技、贯通文化门类和业态，面向全社会开放。文化大数据体系建设将推动中华文化元素和标识融入内容创作、创意设计、城乡规划建设等，成为在新技术条件下推动创造性转化、创新性发展的重要举措。

用好文化大数据，提升文化艺术创作生产效能。大数据是各领域实现发展的重要资源。在文化艺术加速数字化的过程中，我们要有意识地实现文化生产、传播、接受等全链条的大数据采集。通过大数据挖掘分析，可以实现文化服务、文化产品有效评估评价，为改进文化产品、文化服务提供重要参考。大数据之外，还要在5G、物联网、区块链、人工智能等信息技术支持下，不断推出新产品、新模式、新服务，推动文化生产供给侧改革，增加优质文化产品供给。

进一步强化文化科技创新对文化产业发展的带动作用。在市场经济条件下，文化产业是把文化资源转化为文化产品的有效途径。要以数字信息技术贯通整个产业链，培育新兴数字文化业态，培育一批特色鲜明、创新能力强的文化企业。聚焦文化演艺、影视动漫、新闻出版、文化旅游、网络文艺、创意设计等文化产业领域，有针对性地开发文化产品创意、生产、传播、运营、展示、消费等各个环节的关键技术和集成应用技术，助推中华文化通过产业方式和市场渠道走向世界。

放眼当今世界，文化与科技的深度融合正在重构世界文化版图。从移动互联网的广泛运用，大数据和人工智能的强势进入，到文旅云平台的搭建，再到VR、AR等虚拟展示技术的探索，高科技新浪潮几乎影响到所有文化行业。我们要把握好社会信息化机遇，借助高新技术力量，让中华优秀文化不断突出特色、强化优势，实现文化传承创新，增强国家文化软实力。

《人民日报》2021年1月15日第20版

拓展阅读

赋予传统节日更多文化内涵

石 羚

又是一年端阳至,绿杨带雨垂垂重,五色新丝缠角粽。近期,人们吃粽子、饮雄黄、插艾草、戴香囊、划龙舟、荡秋千,在丰富多彩的活动中品读传统文化、过好传统佳节。

习俗因传承而深入人心。在浙江云龙镇,10余只龙舟伴随着喜庆锣鼓,在长山江上竞逐争先;在陕西白水县,大街小巷随处可见各式各样的手工香囊;在湖南益阳市,小朋友们在博物馆全身心投入五彩绳的编织中……这些民俗活动不仅丰富了端午的节日内涵,也表达了人们寄情言志、团圆孝亲、强身健体的良好祝愿。

文化因赓续而繁荣兴盛。中国文化恰似长河,昼夜奔腾、源远流长。作为率先入选世界非物质文化遗产的中国传统节日,端午节承载着多样且厚重的传统文化,需要进一步挖掘。除了参与体验端午节日的仪式感,更重要的是,要讲好传统节日故事。一些地方通过开展端午诗会、专题展览、读书分享会等活动,借助动漫、情景剧、微纪录片等形

> **拓展阅读**

式，培植爱国情怀，培育天人合一的自然观、除秽驱病的健康观，已成为传承发扬传统节日文化精髓的创新途径。可以说，这些深具文化内涵的活动与形式，赋予中华民族传统节日以文化魅力，并以潜移默化的方式，将中华民族的精神操守、道德力量根植人心。

2021年端午节之际，很多更具时代感的活动受到了人们的欢迎。"天问一号"着陆火星，回答了屈原2000多年前发出的"天问"，一些地方开设相关航天展引来游人如织；端午节也是厚植家国情怀的契机，2021年适逢中国共产党百年华诞，一些地方组织红色文艺演出、走访慰问老党员老英模，让更多人知史爱党、知史爱国……新形式、新样态为传统节日赋予新的活力，那些记录时代、表达真情、充满创意的活动，也成为传统文化创造性转化、创新性发展的有益尝试。

今天，端午节带给我们的不只是厚重的历史文化，还塑造着影响至深的文化自信。习近平总书记强调："中华优秀传统文化是中华民族的精神命脉，是涵养社会主义核心价值观的重要源泉，也是我们在世界文化激荡中站稳脚跟的坚实根基。"放眼中国传统节日，无不凝聚着民族发展的历史，荟萃着人文理念的精华，传承着传统美德的基因，凝聚着发展奋进的力量。人们对传统节日的青睐，正是对优秀传统文化

> **拓展阅读**

的认可,也是文化自信的体现。不忘历史才能开辟未来,善于继承才能善于创新。传承好、弘扬好中华优秀传统文化,就能在全面建设社会主义现代化国家新征程上,思接千古,积蓄前行的力量。

人们在山水游中品味风俗,在分享美食中感受亲情,在舞龙舞狮等旅游项目中体验非遗,本身就是与传统文化的亲密接触。推动更多传统文化创新发展,传统节日必将更好融入现代生活,为人们提供更多心灵滋养与精神力量。

让优秀传统文化在孩子心田发芽

温儒敏

近年来,中华优秀传统文化越来越受到社会各界重视。如何实现创造性转化、创新性发展,成为文化艺术领域讨论的话题。中小学语文课对文化传承起着非常关键的基础性作用,同时也存在如何"化"传统的问题。这些年,我担任全国中小学语文统编教材的总主编。结合自己的工作,就中小学语文教材如何"化"传统,我谈一点认识。

从语文教科书入手,为弘扬优秀传统文化"打底"

自20世纪初实行新式学堂教育以来,中小学语文教材几经变化,古诗文在教材中占比几次增减。90年代,文言文和古诗词的课文数量开始增加。2002年前后,古诗文课文在人教版初高中语文教材中的占比超过 1/3。2019 年开始使用的、由教育部组织编写的中小学语文统编教材，继续增加古诗文教学内容，并且把这方面的教学任务提前。小学阶段的增量尤其大，一至六年级教材收有古诗文 129 篇（首）。过去的小学语文教材也有一些古诗词，但一般不收文言文，统编版教材安排了一些浅易的文言文，如《司马光》《将相和》《刻舟求剑》《晏子使楚》《王戎不取道旁李》《少年中国说》等。初中和高中的古诗文课文占比，较以往也有所增加，达到一半以上，教学内容设计的权重则占到 60% 左右。

除增加古诗文课文数量，教学方式也注重"整体渗透，润物无声"，引导学生全方位认识优秀传统文化。比如，过去的小学生刚上一年级就学拼音，现在改为先认识少量汉字，对汉字文化有些感性印象。又如，第一课是"天地人，你我他"，接着是"金木水火土"和"对韵歌"，等等，传统文化气息扑面而来。大约一个月后才开始学拼音、识字，其中不时融入诸如谚语、成语、故事、传说等传统文化元素，日积月累地熏陶。小学和初中还吸收传统"诗教"方法，重视诵读、会意与感悟，让学生感受汉语和古诗文之美。高中则增加"专题研习"，按照传统文化的一些基本观念组织学习单元。如"家国情怀""天人合一""和而不同""文化之根""以史为鉴"等主题，引导学生在诵习古诗文的基础上，开展有关"传统文化之当代价值"的专题研习。这些方法调动了学生学习古诗文的兴趣，也培养了他们对传统文化初步的分析判断能力。

中小学语文统编教材不仅重视提升传统文化分量，更重视质量，所选取的古诗文都是经典，覆盖面较宽，诗经、先秦诸子、史记汉书、唐诗宋词、散文笔记、戏曲小说均有所兼顾。不过，即使是优秀的古诗文，也必然带有所属时代的特点，可能有不再适应现代社会的成分。这一点很难"剥离"，也不急于"剥离"。我们可以先让学生整体感受、读懂读通，然后通过阅读提示、习题安排和任务开展等，让学生得到思想、情感和价值观的熏陶，随着年级升高，逐步学会鉴赏与分析。

把"转化"和"创新"意识融入语文教学

语文教材必然还要选收许多现代作品。有的文章深入讨论"如何学习传统文化"，例如，毛泽东《改造我们的学习》和鲁迅《拿来主义》，就有助于培养学生接纳多元文化的阔大胸襟和理性态度。学习《中国石拱桥》《山水画的意境》《说"木叶"》《中国建筑的特征》《故都的秋》等，则帮助学生体味传统文化所培植的美学精神，思考传统文化如何融入现代生活——"转化"与"创新"意识，无形中就在孩子的心田发芽了。

加强中华优秀传统文化在语文教材中的分量，并不意味着轻视外国优秀文化。在中小学语文统编教材中，与外国文化相关的课文占比15%左右，除外国诗文作品，还有科技、科幻、哲思等方面的课文。有的还特意安排中外文化比较。例如，《聊斋志异》的《促织》和卡夫卡的《变形记》编排在一起、《窦娥冤》和《哈姆莱特》放在同一单元，在加深文化自信的同时，培养尊重多种文化的意识。

在传统文化的转化与创新方面，语文统编教材做了一些改进。教材是一方面，更重要的是一线教学如何落实、如何用好教材。我们要摒弃功利想法，不能认为多读古诗文没有实际用处，同时也要警惕一味"复古"的做法。传统文化的转化与创新，一定要服务于当代，着眼于未来；传统文化的教学，一定要秉承分析的态度。要根据学生的认知水平和特点，让他们在大量接触古代文化作品的过程中逐步了解，传统文化是一个庞大复杂的系统，其中有精华亦有糟粕，我们需要学习、转化和利用的是其中的精华。如立己达人的社会关爱，崇德弘毅的人格修养，天下兴亡、匹夫有责的家国情怀，以及仁爱、民本、诚信、正义、大同等观念，都是精华部分，可以继承、吸收和转化，糟粕则应当批判和抛弃。

社会主义核心价值观中，"富强""和谐""公正""爱国""敬业""诚信""友善"在传统价值观中也是比较突出的，体现了当代对优秀传统文化的继承。与此同时，我们要思考哪些传统思想观念与现代价值有矛盾，要用批判性思维去辨别和筛选，这是一件要特别慎重对待的事情。例如，"孝"是传统文化核心价值之一。若要继承"孝"的价值原则，把这个观念引入语文教育，就需要有所批判和分辨。我们应当继承的是人伦之"孝"，是作为"行人之始"的"敬"和"养"。对于有些古文表达的"孝"的思想，要合理地分析与继承。

有一个现象值得注意。古诗文的教学内容增加了，老师们对古诗文教学投入的精力和课时也增加了。但这并不意味着可以不重视现代文。我们要警惕应试教育的功利思想，不能因为教古诗文有"讲头"，就只舍得在古诗文上多花力气。正确的态度应当是以现代文化为立足点，既积极传承优秀传统文化，又放眼吸收优秀外来文化。

100多年来,在如何对待传统文化问题上,我们不断摸索前进。现在,继承传统、转化传统已经成为共识。我们编写语文教材,培训教师使用教材,都一再强调在继承传统方面要坚持历史唯物主义和辩证唯物主义,重视创造性转化创新性发展。这需要付出持续的努力。只要有这份心并持之以恒付诸实践,总能不断进步,越做越好。

《人民日报》2021年2月26日第20版

拓展阅读

以文明交流互鉴推动构建人类命运共同体

王 杰

推动构建人类命运共同体，是习近平总书记着眼人类发展和世界前途，科学回答"世界向何处去、人类怎么办"这一时代之问而提出的中国方案。习近平总书记指出："推动构建人类命运共同体，不是以一种制度代替另一种制度，不是以一种文明代替另一种文明，而是不同社会制度、不同意识形态、不同历史文化、不同发展水平的国家在国际事务中利益共生、权利共享、责任共担，形成共建美好世界的最大公约数。"人类命运共同体理念深刻把握人类文明发展演进的基本规律，为人类文明整体进步和持久繁荣发展提供了思想动力，成为引领时代潮流和人类文明进步方向的鲜明旗帜。

人类始终在不同民族、不同文化的相遇相知中向前发展。中华文明以及世界其他文明的发展演进历史都揭示了这样一个规律：人类文明的形成发展和繁荣进步离不开文明之间的交流互鉴。中华文明的形成发展过程就是这一人类文明

> **拓展阅读**

演进规律的有力例证。在距今约6500年及稍晚的时候，中国的粟作农耕技术陆续向南传播到东南亚，水稻种植技术传播到太平洋的西南地区，农耕技术与丝织品生产技术传播到朝鲜半岛、日本列岛、西亚和欧洲。原产于西亚的小麦、黄牛、绵羊和冶金术在距今约5000—4500年传入我国西北地区，西亚冶金术与我国中原地区的冶炼技术结合后，形成了陶范法的铸造工艺，发展为夏商周时期的青铜器铸造技术；夏商周文明的青铜器铸造技术向朝鲜半岛和日本列岛传播，催生了东北亚地区的青铜时代。与其他文明的交流一直贯穿中华文明形成发展的漫长过程。中华文明5000多年发展史充分证明，无论是物种、技术，还是思想、文化，都是在不断传播、交流、互动中得以发展进步的。

在长期与其他文明进行交流互鉴的过程中，中华文明形成了丰富的多元文明对话的思想观念。尊重差异性是文明对话的起点，也是文明能够交流的前提。中国古人早就认识到不同文明的差异性，主张承认并客观对待差异性。出自《孟子·滕文公上》的"物之不齐，物之情也"一语，道出事物千差万别乃是事物发展的客观规律，揭示出千差万别的事物各有其存在的情由，启示我们要科学理性对待事物之间的差别、文明之间的差异。《国语·郑语》中说："和实生物，同

> **拓展阅读**

则不继。"意思是说多元共生才能创新、封闭单一必然僵化，如果万事万物都是清一色的，那事物发展、文明进步也就停止了。

在承认并包容差异性、多样性基础上，中华文明主张兼收并蓄，汲取其他文明的有益因素，通过学习消化达到融合创新，推动文明发展进步。《礼记·中庸》中说："万物并育而不相害，道并行而不相悖"，强调每一个个体、群体都有自己的特点，反对将单一的价值原则强加于不同的个体、民族或国家。"并育""并行"不仅指不同事物之间的共存，而且指向万物之间相互促进、共同发展的平等互惠状态。《礼记·学记》中说："独学而无友，则孤陋而寡闻"，意思是指一个人在学习中，如果不接触外部环境，就会见识短浅。在文明发展上，一种文明若不与其他文明交流，也会陷入狭隘封闭状态，丧失进步的动力。可见，从理性对待文明差异，到与其他文明共生共存，再到与其他文明交流实现共同发展，中华文明对于处理不同文明间关系形成了丰富而系统的认识。

人类命运共同体理念深刻把握人类文明演进发展的基本规律，对中华文明中的多元文化对话思想进行创造性转化、创新性发展，主张充分认识和尊重世界文明的多样性。通过

拓展阅读

文明互学互鉴、交流交融推动人类文明进步，通过汲取不同文明的有益因素为人类发展提供智慧启示，把跨越时空、超越国度、富有永恒魅力、具有当代价值的文化精神弘扬起来，在人类文明的多样性中找到人类社会向前发展的强大动力，最广泛凝聚各国共建美好世界的共识。不同文明平等相待、交流互鉴，才能夯实构建人类命运共同体的人文根基。如果封闭自己或者企图以"文明优越论""文明冲突论"改造同化其他文明，就会给自己、给人类文明发展带来灾难。各国虽然历史、文化、制度各异，但都应该彼此平等相待、互尊互鉴、相互学习，摒弃一切傲慢和偏见。唯有如此，各国才能共同发展、共享繁荣。

09

重视挖掘中华五千年文明中的精华

张岂之

2021年3月,习近平总书记在福建考察时强调:"我们走中国特色社会主义道路,一定要推进马克思主义中国化。如果没有中华五千年文明,哪里有什么中国特色?如果不是中国特色,哪有我们今天这么成功的中国特色社会主义道路?我们要特别重视挖掘中华五千年文明中的精华,把弘扬优秀传统文化同马克思主义立场观点方法结合起来,坚定不移走中国特色社会主义道路。"中华优秀传统文化是中华民族的精神命脉,是凝聚人心、汇聚民力的强大精神力量,为中华民族克服困难、生生不息提供了强大精神支撑。挖掘中华五千年文明中的精华,以时代精神激活中华优秀传统文化的生命力，需要深入研究和科学审视中华文明史，深入理解和准确把握中华文化血脉。

中华文明延绵不断，已有五千年的历史，具有深厚的历史与文化底蕴，与古代埃及文明、两河文明、印度文明并称为历史最悠久的世界四大文明。与这三个古文明相比较，能够清楚地看出中华文明的延绵不断。在中华文明发展进程中，春秋战国时期的"百家争鸣"具有十分重要的地位。儒家、道家、法家、阴阳家、名家、墨家、纵横家、兵家、杂家、农家，还有在街头巷尾讲故事的"小说家"等，诸子百家让中华文明迸发出耀眼光芒。"百家之学"渗透着溯本求源的辩证精神、天人合一的和谐精神、注重人格养成的道德精神、博采众家之长的文化会通精神、以天下为己任的经世致用精神以及奋发图强、生生不息的自强精神等。尤其是儒家创始人孔子把"人"作为理论探讨的中心，在中国思想文化史上首次系统地论述关于人的价值、人的理想、人的完善、人的道德、人际关系、人与自然的关系等问题。儒家最早提出君子"人格"概念，提倡敬老、养老、救济孤独残疾、勤劳勇敢等美德以及大同理想等，这些已成为中华民族的宝贵精神财富。

浩如烟海的中华文献典籍承载着延绵不断、传承发展的中华文明。习近平总书记对中华文献有过这样的评价："中国古代大量鸿篇巨制中包含着丰富的哲学社会科学内容、治国理政智慧，为古人认识世界、改造世界提供了重要依据，也为中华文明提供了重要内容，为人类文明作出了重大贡献。"这里以儒学"十三经"为例，做一简要说明。儒家经书被誉为"经天纬地之作"，西汉时有《诗》《书》

《礼》《易》《春秋》"五经";东汉时"五经"加《孝经》《论语》成为"七经"。唐时《礼》扩为《周礼》《仪礼》《礼记》,《春秋》分别为《左传》《公羊传》《穀梁传》,加上《周易》《尚书》《诗经》,成为"九经";后又增加《论语》《孝经》《尔雅》,成为"十二经"。到宋代,"十二经"加上《孟子》,形成"十三经"。儒学从"五经"到"十三经"的发展,反映并适应了中国古代社会的政治和文化需要。这些经书具有"经世致用"的鲜明特色,对个人道德修养以及个人对家庭、社会、国家的责任有明确论述,在传统社会起到了以文化人的作用。

中华传统文化中的一些优秀文化精神跨越时空、超越国度、富有永恒魅力、具有当代价值,要求我们以时代精神激活其生命力。举例来说,中华优秀传统文化中的历史智慧、思想理念能够为构建人类命运共同体提供思想滋养,如"协和万邦""天下大同"思想提供了历史镜鉴,"尚中贵和""允执其中"思想提供了方法论基础,"立己达人""兼济天下"思想提供了重要精神源泉,等等。在与时俱进中对中华优秀传统文化进行创造性转化、创新性发展,必将进一步增强走中国特色社会主义道路的坚定性。

《人民日报》2021 年 4 月 7 日第 8 版

拓展阅读

坚持中国特色社会主义文化发展道路

吕 遊

习近平总书记在中共中央政治局第三十九次集体学习时强调，推动全党全社会增强历史自觉、坚定文化自信，坚定不移走中国特色社会主义道路，为全面建设社会主义现代化国家、实现中华民族伟大复兴而团结奋斗。文化是一个国家、一个民族的灵魂。文化兴国运兴，文化强民族强。没有高度的文化自信，没有文化的繁荣兴盛，就没有中华民族伟大复兴。全面建成社会主义现代化强国，实现中华民族伟大复兴，有赖于中国特色社会主义文化的繁荣发展。明确中国特色社会主义文化的基本向度、发展路径，对于新征程上发展中国特色社会主义文化具有重要意义。

中国特色社会主义文化基本向度

党的十八大以来，习近平总书记对中国特色社会主义文化的具体构成及其关系进行了深刻论述，他指出："中国特色社会主义文化，源自于中华民族五千多年文明历史所孕育的

> **拓展阅读**
>
> 中华优秀传统文化，熔铸于党领导人民在革命、建设、改革中创造的革命文化和社会主义先进文化，植根于中国特色社会主义伟大实践。"我们强调的文化自信，就是对包括中华优秀传统文化、革命文化和社会主义先进文化在内的中国特色社会主义文化这一有机整体的自信。中国共产党大力弘扬中华优秀传统文化、传承革命文化、发展社会主义先进文化，不断铸就中华文化新辉煌，新时代中国特色社会主义文化建设取得巨大成就。
>
> 弘扬中华优秀传统文化。中华优秀传统文化是中华文明的智慧结晶和精华所在，是中华民族的精神标识。中华优秀传统文化已经成为中华民族的基因，植根在中国人内心，潜移默化影响着中国人的思想方式和行为方式。回望历史，中华优秀传统文化对形成和维护中国团结统一的政治局面，对形成和巩固中国多民族和合一体的大家庭，对形成和丰富中华民族精神，对推动中国社会发展进步、促进中国社会利益和社会关系平衡等，都发挥了十分重要的作用。党的十八大以来，习近平总书记高度重视弘扬中华优秀传统文化，提出创造性转化、创新性发展的基本方针，强调"要深入了解中华文明五千多年发展史，把中国文明历史研究引向深入""增强历史自觉、坚定文化自信"，为推进新时代中国特色

> **拓展阅读**

社会主义文化建设注入强大动力。

传承革命文化。革命文化是中国特色社会主义文化的重要组成部分，蕴含丰富的革命传统和红色基因。中国共产党百年来弘扬伟大建党精神，在长期奋斗中构建起中国共产党人的精神谱系，锤炼出鲜明的政治品格，激励着一代代中华儿女顽强拼搏，战胜困难，夺取胜利。中国共产党历来注重传承革命文化，用好红色资源，赓续红色血脉。党的十八大以来，习近平总书记先后到过许多革命老区考察，看望老区人民，对传承红色基因、弘扬革命文化作出重要指示，强调"革命文物承载党和人民英勇奋斗的光荣历史，记载中国革命的伟大历程和感人事迹，是党和国家的宝贵财富，是弘扬革命传统和革命文化、加强社会主义精神文明建设、激发爱国热情、振奋民族精神的生动教材"，这为新时代推进中国特色社会主义文化建设奠定坚实基础。

发展社会主义先进文化。社会主义先进文化是对中华优秀传统文化和革命文化的继承与发展，是我国经济社会发展的强大精神支撑。在近代中国最危急的时刻，中国共产党人找到了马克思主义，并坚持把马克思主义基本原理同中国具体实际相结合、同中华优秀传统文化相结合，用马克思主义真理力量激活中华民族历经几千年创造的伟大文明，使中华

> **拓展阅读**

文明再次迸发出强大精神力量。面对新的时代特点和实践要求，中国共产党始终坚持与时俱进、守正创新，不断推进社会主义先进文化繁荣发展。创新是推动社会主义先进文化大发展大繁荣、建设社会主义文化强国的不竭动力。党的十八大以来，以习近平同志为核心的党中央把文化建设提到新的历史高度，确立和坚持马克思主义在意识形态领域指导地位的根本制度，坚持以社会主义核心价值观引领文化建设，广泛开展中国特色社会主义和中国梦宣传教育，推动理想信念教育常态化制度化，推动学习党史、新中国史、改革开放史、社会主义发展史，社会主义先进文化生机活力不断涌现。

中国特色社会主义文化发展路径

每到重大历史关头，文化都能感国运之变化、立时代之潮头、发时代之先声，为亿万人民、为伟大祖国鼓与呼。新的赶考路上，我们必须坚持守正创新，明确中国特色社会主义文化发展的重要路径，坚定不移走中国特色社会主义文化发展道路，更好构筑中国精神、中国价值、中国力量。

实现中华优秀传统文化的创造性转化、创新性发展。历史和现实都证明，中华民族有着强大的文化创造力。中华文

> **拓展阅读**

化既坚守本根又不断与时俱进，使中华民族保持了坚定的民族自信和强大的修复能力，培育了共同的情感和价值、共同的理想和精神。博大精深的中华优秀传统文化是我们在世界文化激荡中站稳脚跟的根基，也是新征程上发展中国特色社会主义文化的基础。新时代中国特色社会主义文化建设，要认真汲取中华优秀传统文化的思想精华和道德精髓，善于从中华优秀传统文化中汲取治国理政的理念、思想，深入挖掘和阐发中华优秀传统文化讲仁爱、重民本、守诚信、崇正义、尚和合、求大同的时代价值，推动中华优秀传统文化与科学文化相互融合、相互促进，实现中华优秀传统文化的创造性转化和创新性发展。

用社会主义核心价值观凝心聚力。价值观是文化最深层的内核，价值观自信是文化自信最本质的体现。社会主义核心价值观是兴国之魂，凝结着全体人民共同的价值追求。我国正处于实现中华民族伟大复兴的关键时期，培育和践行社会主义核心价值观是在世界文化激荡中保持民族精神独立、挺起民族精神脊梁的战略支撑。要坚持以社会主义核心价值观引领文化建设，注重用社会主义先进文化、革命文化、中华优秀传统文化培根铸魂，发挥社会主义核心价值观对国民教育、精神文明创建、精神文化产品创作生产传播的引领作

> **拓展阅读**

用,将社会主义核心价值观融入社会发展各方面。培育和践行社会主义核心价值观,要强化教育引导、实践养成、制度保障,动员全社会共同参与、共同行动,使之与人们的日常生产生活深度融合,转化为人们的情感认同和习惯。

推动文化事业和文化产业高质量发展。文化产业是文化建设的重要方面。加快发展文化产业,对推动社会主义文化繁荣发展、更好满足人民精神文化需求具有重大意义。新时代我国社会主要矛盾发生变化,要围绕满足人民日益增长的文化需要,以促进满足人民文化需求和增强人民精神力量相统一为目标,推动文化事业和文化产业高质量发展。文化事业要坚持为了人民、以人民为中心的根本立场,满足人民对文化产品的需求,同时激发全民族文化创新创造活力。要贯彻落实《"十四五"文化发展规划》,以文化创意、科技创新、产业融合催生新发展动能,健全现代文化产业体系和市场体系,推动文化产业全面转型升级,切实提高质量效益和核心竞争力。

推动中华文化走出去。自古以来,中华文明在继承创新中不断发展,是中华民族生生不息、发展壮大的丰厚滋养,是在同其他文明不断交流互鉴中形成的开放体系。亲仁善邻、协和万邦是中华文明一贯的处世之道,惠民利民、安

> **拓展阅读**

民富民是中华文明鲜明的价值导向，革故鼎新、与时俱进是中华文明永恒的精神气质，道法自然、天人合一是中华文明内在的生存理念。面向国际社会诠释中华优秀传统文化的精华，有利于提升国家文化软实力。在新的历史起点上推动中国特色社会主义文化发展，就要不断提升中华文化影响力，秉持开放包容、互学互鉴的理念，深入开展同各国文化交流合作，以讲好中国故事为着力点，传播中国声音、中国理论、中国思想，让世界更好地读懂中国，弘扬中华文明蕴含的全人类共同价值，让世界共享中国智慧和中国方案，推动构建人类命运共同体。

10

在增强历史自觉与历史担当中创造历史伟业

卜宪群

历史自觉体现为在正确把握历史发展规律基础上形成的历史方位与历史使命意识。历史担当体现为抓住时机、顺势而为、奋发有为，将历史自觉转化为推动历史发展的勇气与智慧。中华优秀传统文化中蕴含着丰富的历史自觉与历史担当精神，这种精神是悠久的中华文明留给我们的宝贵遗产。党的十八大以来，习近平总书记在治国理政实践中坚持宽广深邃的大历史观，把握大局大势，彰显了高度的历史自觉和强烈的历史担当。

中华优秀传统文化蕴含着丰富的历史自觉与历史担当精神

历史自觉的程度,是一个民族思想成熟度的体现,也决定着一个国家治国理政能力与水平的高低。中华民族一向注重记录历史、学习历史、借鉴历史,是一个具有高度历史自觉的民族,历史自觉精神是中华优秀传统文化的重要组成部分。同时,在历史自觉的基础上,一代代优秀中华儿女发扬历史担当精神,推动中华文明不断向前发展。

历史自觉精神源远流长。《尚书·洪范》记载了周灭商后,周武王访商遗臣箕子,求教治国方法。箕子借禹夏历史向武王提出了"洪范九畴,彝伦攸叙"的治国之道。周武王访箕子,体现了西周初年统治集团希望从夏商覆亡的历史教训中寻找长治久安之策,体现了一种借鉴历史的自觉精神。《尚书》对夏商两朝灭亡的原因有很多深刻总结,吸取这些历史教训是西周初年统治集团的当务之急,也由此完成了从夏商神本政治向西周人本政治的自觉转化,开启了我国历史上"敬德保民""明德慎罚"的优秀政治传统。

随着历史发展,中华民族历史自觉的内涵也在不断丰富和拓展。一是关于重民本的历史自觉。"人无于水监,当于民监""民之所欲,天必从之"……西周春秋之后,重民本不仅成为一种政治理念被倡导与践行,也成为我国传统历史自觉精神的重要内容。二是关于重政德的历史自觉。"德惟善政,政在养民""为政以德,譬如北辰""德,国之基也",以"仁政"为主要内容的政德思想与实践具有重大历史意义,重政德的历史自觉成为我国传统政治文明的重要理念。三是关于选贤任能的历史自觉。"夫尚贤者,政之本也。"我国历史上人才选拔分别以春秋战国和隋唐为界限，经历了从世卿制向官僚制的转化，从荐举制、军功制、察举制、九品中正制向科举制的转化，推动这两个转化的根本因素，是各时期政治家、思想家总结历史经验、顺应时代发展要求的历史自觉。四是关于"大一统"的历史自觉。源自先秦的"天下""四海""九州"等观念，历经春秋战国时期的政治实践，形成了"定于一""天下为一"的历史自觉。至秦始皇，创立了"事在四方，要在中央"的中央集权郡县制国家制度与治理体系。此外，我国历史上还有反腐倡廉与严格吏治、平均土地与调节贫富、赈赡穷乏与疏通民情以及德主刑辅、天人合一等历史自觉，彰显出中华民族历史自觉精神的丰富内涵。

仅有历史自觉精神是不够的，还要具备强烈的历史担当精神，才能将历史自觉转化为推动历史前进的强大动力。在中华文明发展史上，每一次文明的巨大进步，都与历史自觉精神的高扬分不开，更与人才辈出并勇于历史担当分不开。正因为有了历史担当，历史自觉形成的思想智慧才能转化为治国理政的实践成果。鸦片战争后，虽然中华文明经历前所未有的磨难，但无数仁人志士奋起抗争、变法图强、革故鼎新，中华民族历史自觉的视野更加宽阔、历史担当精神进一步升华。

历史自觉与历史担当是新时代治国理政的底蕴

中国共产党是中华优秀传统文化的忠实传承者和弘扬者，更是历史自觉与历史担当精神的积极践行者。在百年奋斗历程中，我们党始终以马克思主义基本原理分析把握历史大势，善于抓住和用好各种历史机遇。习近平总书记指出:"我们党的诞生就是顺应世界发展大势的结果""中华人民共和国的成立和巩固,也是顺应时代大潮的产物""作出改革开放的重大决策,也是基于我们党对时代潮流的深刻洞察"。我们党自诞生以来,团结带领中国人民进行的一切奋斗、一切牺牲、一切创造,归结起来就是一个主题:实现中华民族伟大复兴。这是我们党历史自觉与历史担当精神鲜明而集中的体现。

党的十八大以来,中国特色社会主义进入新时代,这是我国发展新的历史方位。以习近平同志为核心的党中央统筹把握中华民族伟大复兴战略全局和世界百年未有之大变局,带领全党肩负起了实现第一个百年奋斗目标、开启实现第二个百年奋斗目标新征程、朝着实现中华民族伟大复兴的宏伟目标继续前进的主要任务。新时代伟大实践彰显的高度历史自觉、强烈历史担当,体现在习近平总书记治国理政的方方面面。

体现高度的历史自觉。解决现实问题,不仅需要汇聚今人的智慧和力量,也需要汲取古人的智慧和力量。党的十八大以来,习近平总书记深入思考历史,高度重视汲取治国理政的历史经验。在坚定文化自信上,强调要重视对中华民族历史的认知和运用;在推进国家治理上,强调要对我国古代治国理政的探索和智慧进行积极总结;在法治国家建设上,强调要挖掘和传承中华法律文化精华,汲取营养、择善而用;在造就高素质干部队伍上,强调要借鉴我国历史上在吏治问题上形成的正确思想和有益做法;在生态文明建设上,指出绵延5000多年的中华文明孕育着丰富的生态文化;在党风廉政建设和反腐败斗争上,强调要积极借鉴我国历史上反腐倡廉的宝贵遗产……习近平总书记治国理政新理念新思想新战略，充分展现了大党大国领袖对历史智慧的科学总结、对历史经验的积极运用。

彰显强烈的历史担当。习近平总书记指出："历史发展有其规律，但人在其中不是完全消极被动的。只要把握住历史发展大势，抓住历史变革时机，奋发有为，锐意进取，人类社会就能更好前进。"党的十八大以来，以习近平同志为核心的党中央，以伟大的历史主动精神、巨大的政治勇气、强烈的责任担当，统筹国内国际两个大局，解决了许多长期想解决而没有解决的难题，办成了许多过去想办而没有办成的大事。例如，我们始终坚持开拓创新，因为它"永远是中国共产党人应该具有的历史担当"。无论是继续推进实践基础上的理论创新，还是以全面深化改革推进国家治理体系和治理能力现代化，新时代的中国共产党人始终保持锐意创新的勇气、敢为人先的锐气、蓬勃向上的朝气，不断彰显强烈的历史担当精神。

在新的征程上不断增强历史自觉与历史担当

习近平总书记指出，全党要"以史为镜、以史明志，了解党团结带领人民为中华民族作出的伟大贡献和根本成就，认清当代中国所处的历史方位，增强历史自觉，把苦难辉煌的过去、日新月异的现在、光明宏大的未来贯通起来，在乱云飞渡中把牢正确方向，在风险挑战面前砥砺胆识，激发为实现中华民族伟大复兴而奋斗的信心和动力，风雨无阻，坚毅前行，开创属于我们这一代人的历史伟业"。现在，中国共产党团结带领中国人民又踏上了实现第二个百年奋斗目标新的赶考之路。在全面建设社会主义现代化国家新征程上，

怎样弘扬中华优秀传统文化

全党要更加紧密地团结在以习近平同志为核心的党中央周围，大力发扬历史自觉与历史担当精神，朝着实现中华民族伟大复兴的宏伟目标奋勇前进。

增强历史自觉与历史担当，始终坚持以习近平新时代中国特色社会主义思想为指导。习近平新时代中国特色社会主义思想，是坚持把马克思主义基本原理同中国具体实际相结合、同中华优秀传统文化相结合，深刻总结并充分运用党成立以来的历史经验，从新的实际出发创立的，是当代中国马克思主义、21世纪马克思主义，是中华文化和中国精神的时代精华，是全党全国人民为实现中华民族伟大复兴而奋斗的行动指南。习近平新时代中国特色社会主义思想进一步深化了对共产党执政规律、社会主义建设规律、人类社会发展规律的认识。只有始终坚持以习近平新时代中国特色社会主义思想为指导，我们才能树立大历史观，把握历史方位，形成符合历史发展规律的历史自觉，真正担当起党和人民赋予的历史重任。

增强历史自觉与历史担当，进一步坚定历史自信。增强历史自觉与历史担当，是以坚定历史自信为基础的。习近平总书记指出："在新的赶考之路上，我们能否继续交出优异答卷，关键在于有没有坚定的历史自信。"中国共产党人坚定历史自信，不仅包括坚定对奋斗成就的自信、对奋斗精神的自信，还包括坚定我们党在中国执政并长期执政的历史自信、团结带领人民继续前进的历史自信。新的赶考之路上，我们要深入学习党的历史，更好认识和把握党的百年奋斗重大成就和历史经验，看清楚过去我们为什么能够成功、弄明白未来我们怎样才能继续成功，深刻领悟我们党几代中央领导集体在不同历史时期的高度历史自觉和强烈历史担当,进一步做到学史明理、学史增信、学史崇德、学史力行。

增强历史自觉与历史担当,要深化史学研究。要深化我国历史上的历史自觉与历史担当精神研究,发掘历代政治家思想家和人民群众在不同历史时期增强历史自觉与历史担当的深刻内涵,以及在推动历史前进中发挥的作用,进而从丰厚的历史实践中汲取治国理政的智慧和力量。要加强对习近平总书记关于增强历史自觉与历史担当精神重要论述的学习研究,深刻认识到重要论述精神既是对中华优秀传统文化的传承弘扬,又体现了新时代中国共产党人勇担使命的历史自信。

《人民日报》2022 年 2 月 7 日第 7 版

> 拓展阅读

高度重视文化软实力中的博物馆力量

刘曙光

当前,世界百年未有之大变局加速演进,文化软实力在综合国力中的地位和作用越来越重要。它对内表现为深厚的文化自信,是民族共同体意识的重要凝聚力;对外则表现为跨文化感召力和吸引力,是展示国家形象与民族特质的必要前提。相较于"物质硬实力",文化软实力是一个国家凝聚社会认同、掌握国际话语权的关键性力量。中华文明源远流长、博大精深,留下了丰富的物质与非物质文化遗产,是我国文化软实力的首要资源和重要基础。作为收藏、保护、展示人类活动及自然环境见证物的公共文化机构,博物馆承担着建设、展示与提升我国文化软实力的光荣使命。

博物馆集中、典型、充分体现着国家文化软实力,博物馆外展是扩大中华文化国际影响力的"金色名片"

博物馆是保护和传承人类文明的重要殿堂,是连接过去、现在、未来的桥梁。党的十八大以来,我国博物馆数量

> **拓展阅读**

持续增长、规模不断壮大、影响力大幅提升，在坚定文化自信、推动文明交流互鉴等方面优势显著、成效突出。"文明殿堂"的崇高性和知识性，"文化桥梁"的亲民性与传播性，这两种看似不同的秉性在博物馆中有机融合，使其成为国家文化软实力体系中不可或缺的重要体现。

我国是历史悠久的文明古国，也是文物博物馆大国。截至2021年底，我国博物馆总数达到6183家，各类博物馆保存藏品达6777万件（套），这些藏品及内容几乎涵盖了人类自然和人文遗产的各个方面，不仅系统呈现了中华文明起源和发展的历史脉络、灿烂成就和对人类社会的重大贡献，形象阐发了中华文化的独特创造、价值理念与鲜明特色，而且为讲好中国故事、向世界展示真实立体全面的中国形象提供了坚实而丰厚的基础。

博物馆文物收藏体系是国家文化软实力的资源基础，博物馆公共服务体系则形成了国家文化软实力别具一格的传播枢纽。作为一种以实物为文化媒介、以空间为传播场域、以感官为教育途径、以大众为传播对象的公共文化机构，博物馆所体现的历史真实性和客观性，使得本国国民与国外观众较易产生信任并留下持久性印象，以非强制的精神牵引力塑造文化向心力，更容易实现厚植家国情怀、浸润思想人心、

怎样弘扬中华优秀传统文化

> **拓展阅读**
>
> 消弭文化分歧的传播效果。总之,博物馆特有的知识多样性、视听形象性、影响广泛性的特征,在强化本国国民的综合素质与文化认同,促进外国观众增进跨文化理解等方面有着胜于其他文化机构的突出作用。
>
> 通过博物馆对外展览,丰富对外文化交流形式、提升国际影响力、传播力和吸引力,是我国文化外交的优势所在。1973年至1978年,新中国首个文物出境展《中华人民共和国出土文物展览》先后赴法、日、英、美等16个国家和地区巡展,接待观众654.3万人次,在对外宣传和发展友好关系上发挥了积极作用,享有"文物外交"的美誉。改革开放以来,博物馆对外展览数量不断增长,精品迭出,不断取得新成果。"十三五"期间,我国博物馆举办文物出境展览约400场次,"故宫""兵马俑""丝绸之路"等,都是亮丽的"外交使者"和"文化名片",成为象征中华文明标识的文化品牌。由中方自主策划的文物展览更多体现"以我为主"的理念,在陈列艺术设计中融入了更多的中国元素。展览题材不断丰富,从改革开放初期以历史文物类为主题的展览,发展为反映中华五千年文明为主题的各类综合性文物展览与反映不同文化艺术类型的专题性展览相结合的展览体系,更加全面立体生动地展示了中国形象。展览阐释更加重视多元

> **拓展阅读**

化、普世性，积极探索中国故事、国际表达的有效途径，涌现出一批更富教育性、对话性和情感性的展览案例。博物馆对外展览在服务国家外交大局，提升中华文化国际影响力方面发挥了更加积极的作用。

新时代的博物馆不仅要成为展示和传播文化软实力的重要窗口，更要成为提升文化软实力的新引擎

当今世界，各种文化交流、交融、交锋更加频繁，国际环境复杂激荡，只有不断提高中华文化的国际影响力和吸引力，让世界更好地了解中国，才能切实提高中国的国际话语权，为国家发展营造良好的国际环境。

2021年，由中央宣传部等九部门联合印发的《关于推动博物馆改革发展的指导意见》，提出2035年基本建成"世界博物馆强国"的宏伟目标。"博物馆大国"，体现的是博物馆藏品资源、馆舍硬件等客观优势；而"博物馆强国"则需要在硬件优势的基础上构建强大的向心力、吸引力等软实力优势。由于"世界博物馆强国"是以建设文化强国为依托的，所以，国家文化软实力的建设和提升已经成为新时代博物馆事业发展的核心目标之一。

为此，我们要努力构建国内博物馆资源整合与创新转化

> **拓展阅读**
>
> 新格局。首先,要胸怀"两个大局",心系"国之大者",坚持以人民为中心,找准博物馆在文化软实力建设中的合适定位和独特优势。其次,要不断优化体系布局,配合国家重大战略与国家重大文化工程,加强不同地域、不同层级、不同属性的博物馆资源整合与协同创新。再次,要创新展览展示,做好中华文明相关研究成果的宣传、推广和转化工作,加强对文物和文化遗产的研究阐释和展示传播。最后,要推动开放共享,通过"博物馆+"跨界融合进一步开发、传播更多承载中华文化、中国精神的教育项目、文创产品与数字应用,营造传承中华文明的浓厚社会氛围,促进更多博物馆藏品资源转化为文化服务资源,丰富全社会文化自信的深厚滋养,赋能经济社会创新驱动与可持续发展。
>
> 与此同时,我们还要创新性推动博物馆国际交流合作。要积极构建"中国故事、国际表达"的话语体系,提升博物馆对外展览的传播效益。注重发掘文化遗产跨越时空、超越国度的美学价值、思想价值和外交价值,讲清楚古代中国与当代中国、中国与世界的关系,物化呈现中国人对待世界、社会、人生的独特价值体系、文化内涵和精神品质,贴近不同区域、不同国家、不同群体受众的文化习惯与心理规律,推进中国故事和中国声音的全球化表达、区域化表达、分众

> **拓展阅读**

化表达，引导国际社会形成对"中国"的完整观念、正向认知。我们要推动实施中国特色、世界一流博物馆创建计划，培育代表中国特色、中国风格、中国气派、引领行业发展的世界一流博物馆，构建具有国际知名度的博物馆文化品牌。此外，还可参考法国卢浮宫博物馆在阿联酋阿布扎比设置分馆等成功经验，探索我国一流博物馆的海外分馆建设，提升中华文化在全球文化版图中的深度和广度。

11

马克思主义与中华优秀传统文化相契合的内在逻辑

陈其泰

在庆祝中国共产党成立 100 周年大会上,习近平总书记强调:"坚持把马克思主义基本原理同中国具体实际相结合、同中华优秀传统文化相结合"。"两个结合"是我们党不断推进马克思主义中国化时代化的内在要求和宝贵经验。深入把握马克思主义与中华优秀传统文化相贯通相契合的内在逻辑,是坚持把马克思主义基本原理同中华优秀传统文化相结合的基础,哲学社会科学界应为此作出应有贡献。

马克思主义为什么能够在中国大地扎根,成为我们党推动中国伟大历史变革的行动指南?我们党在推进马克思主义中国化时代化进程中,创立了毛泽东思想、实现了马克思主义中国化的第一次历史性飞跃，形成了中国特色社会主义理论体系、实现了马克思主义中国化新的飞跃，创立了习近平新时代中国特色社会主义思想、实现了马克思主义中国化新的飞跃，马克思主义中国化实现飞跃背后的深刻逻辑力量是什么？推进马克思主义基本原理同中华优秀传统文化相结合，从文化层面来说其内在逻辑和思想基础是什么？回答这些问题，需要我们深刻领会马克思主义的精髓，同时从纷繁宏富的中华优秀传统文化中发掘精华，深入研究马克思主义与中华优秀传统文化相贯通相契合的内在逻辑。这不仅能够更加深刻地说明为拯救民族危亡而不懈奋斗的中国人民为什么会选择马克思主义，而且能够在新时代更好把马克思主义基本原理同中国具体实际相结合、同中华优秀传统文化相结合。当前，探讨马克思主义与中华优秀传统文化相贯通相契合的内在逻辑，以下几个方面不可或缺。

马克思主义对理想社会的追求与中华优秀传统文化中的大同理想相契合

马克思主义这一先进学说和科学理论并不是凭空产生的，而是继承全人类一切优秀文化成果的产物，体现了人们对理想社会的追求。马克思主义第一次站在人民的立场探求人类自由解放的道路，以科学的理论为最终建立一个没有压迫、没有剥削、人人平等、人人自由的理想社会指明了方向。马克思、恩格斯指出："代替那存在着阶级和阶级对立的资产阶级旧社会的，将是这样一个联合体，在那里，每个人的自由发展是一切人的自由发展的条件。"中华优秀传统文化同样表达了人民大众对理想社会的追求。中国古代哲人曾描绘出大同社会的美好图景，最著名的是《礼记·礼运》篇的论述："大道之行也，天下为公，选贤与能，讲信修睦。故人不独亲其亲，不独子其子……是故谋闭而不兴，盗窃乱贼而不作。故外户而不闭，是谓大同。"这种没有压迫、剥削、欺诈的大同社会，是处于阶级压迫之中的人们对理想社会的追求。儒家经典《公羊传》也对"太平世"的美好社会做出憧憬："于所闻之世，见治升平，内诸夏而外夷狄……至所见之世，著治太平，夷狄进至于爵，天下远近小大若一。"《公羊传》描绘出天下远近小大若一、各民族之间再也没有隔阂、共同享有幸福生活的理想境界，与大同理想互相补充。

为了改变人民受剥削、受压迫的命运，为了推翻旧世界、建立新世界，马克思主义第一次创立了人民实现自身解放的思想体系，第一次站在人民的立场探求人类自由解放的道路。马克思、恩格斯义无反顾投身于轰轰烈烈的工人运动，始终站在革命斗争最前沿。中华优秀传统文化中的大同理想、爱国精神、民本思想、不屈风骨，影响和哺育了20世纪初的中国先进分子。马克思主义传入中国后，他们从马克思、恩格斯著作中读到经由无产阶级革命建立社会主义、最终实现共产主义的学说时，自然发自内心地接受，并且满怀热情地投入斗争，希望解除民众的苦难，最终建立理想社会。马克思主义对理想社会的追求与中华优秀传统文化中的大同理想相契合，是中国人民选择马克思主义的重要思想基础。

马克思主义唯物论与中华优秀传统文化中的唯物主义传统相契合

马克思主义唯物论认为：物质第一性，精神第二性；事物的发展变化以及社会上层建筑、意识形态的形成和演变，都有客观规律，这些规律须从一切社会现象总和分析研究出来，"不可知论"、神秘主义等都是错误的；社会存在决定社会意识，社会意识对社会存在具有反作用。马克思主义唯物论是马克思主义理论的基石。

中华优秀传统文化中蕴含着丰富的唯物主义思想资源，并且从先秦到近代形成优良的唯物主义传统。例如，战国时期荀子提出"天行有常，不为尧存，不为桀亡"，认为自然的运行有自己的规律，不以人的意志为转移。《管子》认为，社会的礼制道德不是凭空产生的，必须建立在一定的物质生产水平之上，"仓廪实则知礼节，衣食足则知荣辱"。西汉司马迁深化了这些认识，提出："人各任其能，竭其力，以得所欲……各劝其业，乐其事，若水之趋下，日夜无休时，不召而自来，不求而民出之。岂非道之所符，而自然之验邪？"这就把经济生活中存在的法则提高到客观规律来论述。东汉的王充发挥了"仓廪实，民知礼节"的命题，他说："夫世之所以为乱者，不以贼盗众多，兵革并起，民弃礼义，负畔其上乎？若此者，由谷食乏绝，不能忍饥寒。夫饥寒并至而能无为非者寡，然则温饱并至而能不为善者希。"认为社会的治乱直接决定于民众的经济生活状况。

清代的王夫之、颜元、戴震、魏源等继承唯物主义传统，提出了许多富有见地的观点。例如，魏源更加明确而简洁地总结出必须

"行"然后才能获得"知"的命题,其哲学著作《默觚》中的论述掷地有声:"及之而后知,履之而后艰,乌有不行而能知者乎?"魏源的见解有着丰富的实践基础,他对于当时的水利、漕运、海运、票盐改革等都有深入研究,参与制订改革方案,还编纂有《皇朝经世文编》120卷,其重视实践的观点对于晚清学风的演变产生了很大影响。上述思想家的唯物主义主张也成为20世纪初中国先进分子接受马克思主义唯物论的桥梁。

马克思主义辩证法与中华优秀传统文化中的辩证思想相契合

马克思主义经典作家对于辩证法有许多精辟的论述,例如,恩格斯指出:"当我们通过思维来考察自然界或人类历史或我们自己的精神活动的时候,首先呈现在我们眼前的,是一幅由种种联系和相互作用无穷无尽地交织起来的画面,其中没有任何东西是不动的和不变的,而是一切都在运动、变化、生成和消逝。"马克思主义辩证法坚持发展地而不是静止地、全面地而不是片面地、系统地而不是零散地、普遍联系地而不是单一孤立地观察事物,准确把握客观实际,真正掌握规律,妥善处理各种重大关系。

中华优秀传统文化中有大量关于自然界和社会历史辩证运动和发展的宝贵认识,尽管表达尚不够系统,但这些论述同样充满智慧、异彩纷呈。20世纪初,中国的许多先进分子正是经由中华优秀传统文化中的这些思想精华通向马克思主义辩证法。我们可以举出一些其中分析深刻、益人心智、传诵久远的例子。《左传》昭公三十二年载，晋国大夫史墨言："故《诗》曰：'高岸为谷，深谷为陵'。三后之姓，于今为庶。"精辟地论述世界万物和社会现象的运动、变化是永恒的。《周易》说："穷则变，变则通，通则久。"深刻总结了在困厄中奋斗才能开辟新境的道理。《论语》中有许多孔子讲事物辩证关系的格言，如"我叩其两端而竭焉"，是说要避免事物走向两个极端；又说"过犹不及"，指出超出一定的限度，事物就会走向反面。《论语》中有关教育的辩证思想尤为丰富，如"学而不思则罔，思而不学则殆""不愤不启，不悱不发"。此外，还有《老子》中所言的"祸兮福之所倚，福兮祸之所伏""将欲取之，必固与之"等。这些深刻揭示事物对立统一关系的箴言对历代士人都有深刻影响，让他们能够运用辩证思维去认识当世问题、提出治国良策。

鸦片战争前后，面对历史大变局，进步知识分子运用"法无不改"的辩证观点，以更大的声势批判空疏学风，揭露封建专制的黑暗残酷，倡导实行社会改革。龚自珍提出："一祖之法无不敝，千夫之议无不靡，与其赠来者以劲改革，孰若自改革。"魏源主张"变古愈尽，便民愈甚"。他于1841年编纂《海国图志》，提出"师夷长技以制夷"，表达了中华民族抗击侵略、救亡图强的呼声。这些具有时代意义的思想，是进步知识分子运用辩证思维在历史剧变时期思考国家和民族前途命运的产物。

由以上几个方面可知，马克思主义和中华优秀传统文化在考察自然界和人类社会发展上所得出的认识，许多是相贯通相契合的。中华优秀传统文化具有接受马克思主义真理的内在基础和内在动力，马克思主义中国化具有深刻的内在逻辑，马克思主义基本原理同中华优秀传统文化可以实现有机结合。新时代，我们要聚焦把马克思主义基本原理同中华优秀传统文化相结合这一重大课题，努力开拓学术研究的新格局，拿出具有原创性、时代性、系统性的研究成果，更加充分地展现中华文明的辉煌成就，深入发掘中华优秀传统文化中富有永恒魅力、具有当代价值的思想精华，推动中华优秀传统文化创造性转化、创新性发展，更好推进马克思主义中国化时代化。

《人民日报》2022年3月21日第10版

> 拓展阅读

充分挖掘和运用中华优秀传统文化精华

高长武

中华优秀传统文化是中华民族的根和魂。习近平总书记在党的二十大报告中指出："坚持和发展马克思主义，必须同中华优秀传统文化相结合。"中国古代先贤究天人之际、通古今之变、察万物之源得出的许多治国之道、为人之学、修身之法具有超越时空的价值，中华优秀传统文化蕴含的智慧结晶同科学社会主义价值观主张具有高度契合性。历史和实践充分表明，我们走的中国特色社会主义道路，其内在的基因密码就蕴含着中华优秀传统文化精神。我们要深刻领悟和贯彻落实习近平总书记的重要论述，"理直气壮、很自豪地去做这件事，去挖掘、去结合中华优秀传统文化"。

在中国共产党团结带领中国人民探索实现中华民族伟大复兴的历史进程中，我们党对马克思主义同中华优秀传统文化内在关系的认识不断深化。经过长期实践的探索和检验、历史发展的沉淀和升华，在中国特色社会主义新时代，中国

> **拓展阅读**

共产党人对马克思主义同中华优秀传统文化内在关系的认识达到新高度，这突出体现在关于马克思主义基本原理同中华优秀传统文化相互融通和高度契合的论断上。习近平总书记指出："马克思主义传入中国后，科学社会主义的主张受到中国人民热烈欢迎，并最终扎根中国大地、开花结果，决不是偶然的，而是同我国传承了几千年的优秀历史文化和广大人民日用而不觉的价值观念融通的。"习近平总书记在党的二十大报告中指出："中华优秀传统文化源远流长、博大精深，是中华文明的智慧结晶，其中蕴含的天下为公、民为邦本、为政以德、革故鼎新、任人唯贤、天人合一、自强不息、厚德载物、讲信修睦、亲仁善邻等，是中国人民在长期生产生活中积累的宇宙观、天下观、社会观、道德观的重要体现，同科学社会主义价值观主张具有高度契合性。"习近平总书记的重要论述，深刻阐明了马克思主义基本原理同中华优秀传统文化在许多方面是相互融通和高度契合的，深刻揭示了马克思主义同中华优秀传统文化能够互促共进、共同推动中国社会发展进步的深层原因。这是对马克思主义同中华优秀传统文化内在关系认识的极大深化，无论是在马克思主义发展史上，还是在中华文化发展史上，都具有开创性意义。

拓展阅读

这里择其要者略举几例。党的思想路线中的解放思想、实事求是同《汉书》所言"修学好古、实事求是"相契合；唯物辩证法的基本观点特别是关于认识论和矛盾论的观点，同中国古代哲学中朴素的唯物论和辩证法特别是关于知行合一、福祸相依等的观点相契合；"天下公义""兼容并蓄""集众思，广忠益"等思想主张也在推进中国特色社会主义建设的伟大实践中不断丰富发展；我们党曾创造性地以"小康"这一富有中华优秀传统文化意蕴的概念诠释中国式现代化的目标；我们党把马克思主义关于世界历史的思想与中国古代社会积累形成的"亲仁善邻、协和万邦""和而不同""和谐共处""大道之行、天下为公"等理念中的有益成分相结合，提出推动构建人类命运共同体；等等。

把马克思主义基本原理同中华优秀传统文化相结合，必须进一步研究和提炼马克思主义同中华优秀传统文化的契合之处，并以二者契合之处为着力点和切入口，推动二者在新的时代条件下创造性结合。例如，马克思主义实现共产主义的远大理想与中华优秀传统文化中大道之行、天下为公、大同社会的思想；马克思主义群众观与中华优秀传统文化中以民为本、安民富民的思想；马克思主义集体主义思想与中华优秀传统文化中克己奉公、集思广益、群策群力的思想；马

> **拓展阅读**
>
> 克思主义关于公平正义的思想与中华优秀传统文化中绳不挠曲、法不阿贵、行义以正的思想；马克思主义关于文化建设的思想与中华优秀传统文化中文以化人、文以载道、弘道养正的思想；马克思主义消费观与中华优秀传统文化中以道制欲、不为物使、俭约自守的思想；马克思主义认识论与中华优秀传统文化中知行合一、以行为本、以知促行的思想；等等。这些都可以立足新的时代条件，经过深入研究和创新发展，进行有机贯通。面向未来，充分挖掘和运用中华优秀传统文化精华，坚持把马克思主义基本原理同中华优秀传统文化相结合，还需要我们在认识和实践上付出更大努力。

深刻认识古籍事业
发展的意义和机遇

郝 平

中国是历史悠久的文明古国,拥有卷帙浩繁的古代文献典籍。这些古籍是中华民族的宝贵精神财富,是我们坚定文化自信的重要源泉。习近平总书记指出,要"深入挖掘古籍蕴含的哲学思想、人文精神、价值理念、道德规范,推动中华优秀传统文化创造性转化、创新性发展"。习近平总书记的重要讲话精神,进一步明确了新时代古籍工作的发展方向,为我们完善古籍工作体系、提升古籍工作质量、加快古籍资源转化利用提供了根本遵循。

古籍是中华文明的瑰宝,是中华民族的宝贵精神财富。中华民族历来重视文化传承,讲求"藏诸名山,传之其人"。所谓"义理、考据、辞章"之学,既是学术方法,也是对古籍工作的经验总结。通过对历代典籍的收藏、整理、研究,"辨章学术,考镜源流",涌现出了许多学问家、思想家。中国历朝历代都提倡"盛世修典",《永乐大典》《古今图书集成》《四库全书》等都是由国家主导、影响深远的文化工程。我们党高度重视古籍工作。新中国成立后,推动了点校"二十四史"等一系列古籍保护、整理与研究、利用工程,建立了一批专业的古籍出版机构,取得了很多前所未有的成就。1981年,党中央专门下发《关于整理我国古籍的指示》,明确和加强了党对古籍工作的领导。

党的十八大以来,习近平总书记对古籍工作给予高度重视和悉心指导。仅以北京大学为例,2013年,习近平总书记给考古文博学院2009级本科团支部全体同学回信;2014年,习近平总书记探望哲学家汤一介先生,了解《儒藏》编纂进展情况;2018年,习近平总书记与人文学科的多位学者亲切交流,与曾翻译《论语》《孙子兵法》等古籍的美籍汉学大师安乐哲教授交谈,希望他更多向国外介绍中国优秀传统文化。习近平总书记的谆谆教诲和殷殷嘱托,不仅为北京大学做好古籍工作提供了不竭动力,也为相关高校共同做好古籍保护、整理、出版等工作指明了前进方向。

高校是知识传承创新的殿堂和涵养精神文化的家园,也是推动古籍事业发展的一支重要力量。例如,历史学家、文献学家邓广铭先生,提出以年代、地理、职官、目录作为历史研究的"四把钥匙",对古籍工作影响深远;北大很多学者为推进经典古籍和海外汉籍的整理研究不懈努力,不少高校还建立了古籍整理研究所(中心），设有古典文献专业，在专业人才培养、学科建设和学术发展等方面发挥了积极作用；全国高校古籍整理研究工作委员会主导完成了"七全一海"等大型古籍整理工程，袁行霈先生主持开展"新编新注十三经"工程，建立国际汉学家研修基地，着眼长远，开放包容，拓宽了古籍工作的视野和格局。

古籍工作不仅仅是少数人文学者皓首穷经的职业，更是一项事关赓续中华文脉、弘扬民族精神、建设文化强国、助力民族复兴的重要事业。进入新时代，研究阐释弘扬中华优秀传统文化的需求与日俱增，古籍工作进入新的历史发展阶段。面向未来，我们要认真学习贯彻习近平总书记重要讲话和重要指示精神，抓住用好古籍事业发展的新机遇。

持续做好古籍整理保护工作。完善工作体系，提升工作质量，持续抓好重大项目、重点项目的立项、论证和推进，如《全宋诗》《儒藏（精华编）》等古籍整理工作；继续推动相关高校古籍整理研究专业机构建设，通过平台、项目来带动工作开展、加强队伍建设，使古籍工作的规模和质量都得到提升，为研究中华优秀传统文化提供更加准确可靠、更加丰富的文献基础。

持续做好古籍研究阐释工作。经典古籍具有永恒的思想价值，要下大力气深入挖掘古籍里的哲学思想、人文精神、价值理念、道德规范，深入阐释中华文化发展的悠久历史、辉煌成就、宝贵经验，让"书写在古籍里的文字都活起来"，为推进马克思主义中国化、为培育和践行社会主义核心价值观提供助力。

加强学科建设和人才培养工作。加强古典文献专业等学科建设，通过协同创新推进"新文科"建设，利用好"中国古典学"等研究平台和"古典语文学"等跨学科人才培养项目，加强人文基础跨学科拔尖人才培养。加强古籍学科专业顶层设计和整体规划，进一步构建完善古籍人才培养体系，聚焦重大思想文化问题开展深度研究，确保古籍工作和文化传承创新事业始终有源头活水，始终后继有人。

推进古籍数字化工作。利用大数据、人工智能等新技术新方法，加快古籍资源的转化利用和传播普及。通过举办数字人文作品展、建立"中国典籍文献大数据分析平台"、建设"数字人文开放实验室"等方式方法，推动古籍数字化工作不断取得新进展。同时，通过开展中国古籍数字人文创意大会等创新活动，吸引社会各方面力量参与古籍智能化整理，推动形成古籍工作的新模式、新业态，让古籍工作在新时代焕发出勃勃生机。

《人民日报》2022年6月6日第9版

拓展阅读

"博物馆之城"应该怎样建

黄 隽

我国5000多年的历史,积淀了丰富的文化遗产。很多历史文化名城具有得天独厚的资源禀赋。随着国民经济的快速发展以及老百姓物质生活的不断改善,人们对精神文化的需求越来越强烈。作为保藏、陈列自然历史标本、物质及精神文化珍品的机构,博物馆对满足人们的精神文化需求具有重要作用。中央宣传部、国家发展改革委、教育部等九部委印发的《关于推进博物馆改革发展的指导意见》提出,将博物馆事业主动融入国家经济社会发展大局,探索在文化资源丰厚地区建设"博物馆之城""博物馆小镇"等集群聚落。北京、西安、大同、南京等历史文化名城纷纷启动"博物馆之城"建设。

重视人的感受与需求

文化是一个国家和民族的灵魂,是最能触动人心灵的柔软的东西。每个城市也都有自己独特的文化。博物馆不仅是

拓展阅读

城市历史的容器,也是城市精神和文化的载体,彰显着城市的文化品位。

经济发展是博物馆事业繁荣的基础。改革开放以来,伴随着财富的积累和科技的进步,新文物、新文博、新文旅、新文教等业态蓬勃发展,相关理念、范畴、内涵和外延等都在不断变革和创新。人们对博物馆边界的认知有了很大拓展,具体表现在:从关注历史上的"物"的稀缺和价值,转到重视当下生活中人的感受与需求;从一个固定的博物馆建筑空间扩展到博物,包括人类活动和自然环境的见证物,以及线状、面状和空间的全方位视野;博物馆变成人们以多学科和开放式的视角洞察和感知世界与未来发展的一种思维方式;博物馆的展陈不仅关涉艺术学、美学等直观维度,也是社会学、人类学、管理学等观念融合的物化体现。

在"博物馆之城"建设中,需要将遗址、遗产、遗物三者统筹把握,把物质文化遗产与非物质文化遗产、物态文化遗产与活态文化遗产的保护有机统一起来。也就是说,不能只保护老房子、老建筑,当地百姓特色生活状态也应是"博物馆之城"建设的重要组成部分。以北京为例,整个北京老城可以看作一座巨大的古代与现代、人文和自然相互交融映衬的露天博物馆,因此北京在建设"博物馆之城"时,需要

> **拓展阅读**

统筹考虑北京老城内的古代建筑、现代设施、群众生活等方方面面。

概括来说，博物馆与在地的气质和特征相伴而生，博物馆的定义和范畴越来越宽泛和多元，包容度越来越高。博物馆的活动涉及价值导向与学术思考，需要以社会主义核心价值观为引领，突出公益属性和社会效益。

"软实力"比"硬指标"更重要

"博物馆之城"建设中，虽然博物馆数量和展陈面积这些"硬指标"很重要，但比"硬指标"更重要的是"软实力"。

在"博物馆之城"建设中，需要体现博物馆收藏历史、见证现在、昭示未来的理念，既要突出传统文化，更要以创新的形式彰显年轻人喜闻乐见的现代都市时尚特质，让年轻人愿意接近和走进博物馆。对于传统博物馆来说，不能孤芳自赏而应走向大众，最好能直抵老百姓的日常生活。衡量一家博物馆好不好，关键看它是否建立和完善了公众参与机制，能不能吸引大量回头客。博物馆是人文情怀的载体，是人们与历史对话的平台。人们在博物馆中感受过去、思考现在、憧憬未来，直抵人心的感染力是博物馆最为宝贵的软实

> **拓展阅读**

力。因此,判断一个博物馆好不好,还要看它能否对观众的价值观产生冲击和深远影响。

目前,全国各地博物馆的数量在迅速增加。"博物馆之城"建设,在做增量的同时,更要对存量提质增效,也就是在尊重历史和自然的前提下,把已有的博物馆做精做优,不断提升服务效能和服务质量,增强专业性和吸引力。

一座好的博物馆可以成为城市亮丽的名片,能够提升城市的知名度、吸引力和影响力。全球各地的博物馆,都在重新思考自己的角色和定位,以更好地融入当地的社会经济生活。所以,评价博物馆应跳出博物馆看博物馆,即不能只看博物馆本身,还要看博物馆对整个城市、社区的综合赋能。

建立博物馆捐赠与回馈机制

"博物馆之城"建设和维护需要大量可持续的经费投入,光靠政府是不够的,需要动员全社会各方力量共同参与。

最近十年,民营博物馆和美术馆快速增长,在不少地方,民营馆的发展速度远远超过国有馆。"博物馆之城"建设应该充分发挥民间力量的作用。

在笔者看来,当务之急应建立博物馆捐赠与回馈机制。无论是博物馆还是美术馆,都是依法登记并面向公众开放

> **拓展阅读**

的非营利性机构。根据规定，依法设立博物馆/美术馆或者向其提供捐赠的，按照国家有关规定享受税收优惠。目前来看，这一规定还比较笼统，因此需要进一步落实《中华人民共和国慈善法》，出台文物艺术品捐赠税收优惠的落地细则。社会机构和个人向非营利性机构捐赠文物艺术品，享有税收优惠和社会声誉的激励机制，这有利于鼓励民间力量持续支持和参与博物馆建设。从国外的成功实践来看，税收优惠机制是推动博物馆事业蓬勃发展的重要举措，比政府直接补贴效率更高，动力更持久，影响面更广。

2009年，财政部、税务总局、海关总署共同制定的《国有公益性收藏单位进口藏品免税暂行规定》提出，国有公益性收藏单位以从事永久收藏、展示和研究等公益性活动为目的，接受捐赠、归还、追索和购买等方式进口的藏品，免征进口环节税。

上述规定的受益者主要是国有公益性收藏单位，笔者建议给予非国有机构同等待遇，具体建议如下：(1)进口文物艺术品用于博物馆捐赠、收藏、展示和研究等，对于提升社会的美育水平具有积极意义，可以视为公益性目的，建议对这类文物艺术品免征进口关税、增值税和行邮税等；(2)免征进口环节税政策的范围不仅限于中国文物艺术品，也包括

> **拓展阅读**

以公益性为目的的海外文物艺术品,以此鼓励更多海外优质文物艺术品进入我国,促进文明的交流互鉴,提升我国博物馆行业的国际化程度;(3)对享受税收优惠的文物艺术品做好登记、备案和跟踪工作,借助科技手段积累数据资源,为后续政策的制定提供依据。

此外,我们还应该借鉴国外的成熟经验,并根据中国国情,厘清博物馆建设中政府部门、公益机构、慈善组织、基金会、企业、捐赠人与博物馆的关系,以及他们各自的行为边界。

推动公共服务市场化改革

虽然博物馆是非营利性机构,但博物馆的运营同样需要较强的市场化思维。博物馆需要关注市场需求和偏好,以现代理念挖掘和呈现藏品的价值,促进博物馆与科技、旅游、教育、传媒、设计、时尚等领域的资金、资源的跨界融合,举办丰富多彩的活动吸引更多人走进博物馆。

激发博物馆的活力对于博物馆事业的可持续发展非常重要。为此,笔者提出如下建议:(1)推动博物馆治理体系和治理能力现代化,鼓励社会资本以直接捐赠、设立基金会等形式支持博物馆事业发展,推动博物馆逐步转变为以捐

> **拓展阅读**
>
> 助方和观众为中心,形成具有较强造血机制的新型治理结构;(2)鼓励博物馆按市场化和项目制的方式进行运营,例如,可以引入社会资金共同策划优质的沉浸式、体验性和参与性的项目,通过出售门票、衍生品等方式取得收入,风险共担,收益共享;(3)借鉴国外成功经验,一些现金流较好的博物馆可以发行专项债券,用于博物馆的专项修复或专项活动;(4)利用互联网、大数据、区块链和人工智能等高科技,推出百姓喜闻乐见的云展览、云直播、云讲坛,让博物馆成为大、中、小学生的"第二课堂",扩大博物馆展览和活动内容的传播力和影响力。

为中华优秀传统文化创新发展注入新动力

王震中

习近平总书记在主持中央政治局第三十九次集体学习时强调："中华优秀传统文化是中华文明的智慧结晶和精华所在，是中华民族的根和魂，是我们在世界文化激荡中站稳脚跟的根基。""要坚持守正创新，推动中华优秀传统文化同社会主义社会相适应，展示中华民族的独特精神标识，更好构筑中国精神、中国价值、中国力量。"习近平总书记的重要论述，深刻揭示了中华优秀传统文化的时代价值，为我们建设社会主义文化强国、铸就中华文化新辉煌提出新要求、指明新路径。近年来，随着中华优秀传统文化创造性转化和创新性发展深入推进，中华文明中跨越时空、超越国度、富有永恒魅力、具有当代价值的文化精神得到大力弘扬，为我们推进中国特色社会主义伟大事业提供了强大精神动力。新征程上，我们要坚持守正创新，不断为中华优秀传统文化创新发展注入新动力。

中华优秀传统文化源远流长、博大精深。在人与自然关系上，中华优秀传统文化中"天地与我并生，而万物与我为一"讲的是人与自然相和合。在伦理道德、个体修养方面，中华优秀传统文化讲"仁、义、礼、智、信"，即仁爱、正义、礼仪、智慧、诚信。在个人进取和担当方面，《易经》中的"天行健，君子以自强不息"讲的是刚健有为、自强不息的进取精神，而"先天下之忧而忧，后天下之乐而乐""天下兴亡，匹夫有责"则彰显着担当精神。在国家治理方面，中华优秀传统文化强调"民惟邦本，本固邦宁"的民本思想，孔子提倡"为政以德"，《礼记·礼运》提倡"天下为公"。在国家形态结构方面，中华优秀传统文化追求"大一统"，成为中国人对于统一多民族国家的国家认同的重要思想文化基础，在漫长历史进程中促进了国家的统一和稳定。在国际关系方面，中华优秀传统文化推崇"协和万邦""亲仁善邻"。中华优秀传统文化中的讲究和合、崇尚仁爱、崇尚正义、注重礼仪、誉美智慧、坚守诚信、重视民本、推崇善政、追求统一、向往大同、希望和平等内容，蕴含着丰富的哲学思想、人文精神、价值理念、道德规范，蕴藏着解决当代人类面临的难题的重要启示，具有永恒魅力和时代价值，需要我们大力弘扬，不断推动其创造性转化和创新性发展。

推动中华优秀传统文化创造性转化和创新性发展是一项系统工程，需要做好顶层设计、讲究方法路径。应当认识到，在历史长河中积淀形成的中华优秀传统文化并非一成不变，而是开放的、包容的、发展的，其内涵总是随着时代的发展而丰富发展：一方面，中华优秀传统文化总是随着自身所处社会的发展变化而与时俱进；另一方面，中华优秀传统文化总是通过吸收外来文化而不断丰富，通过与其他文化交流互鉴而创新发展。今天，推动中华优秀传统文化创造性转化和创新性发展，一条重要路径就是做好中华优秀传统文化与科学文化相互融合、相互促进的工作。当前，新一轮科技革命和产业变革深入发展。"十四五"规划和2035年远景目标纲要强调要大力发展科学技术，提出"把科技自立自强作为国家发展的战略支撑""深入实施科教兴国战略、人才强国战略、创新驱动发展战略，完善国家创新体系，加快建设科技强国"。发展科学文化，提倡科学精神，提高全民科学文化素质，不仅是大力发展科学技术的题中应有之义，也为我们推动中华优秀传统文化创造性转化和创新性发展提供了更宽广的视角、更有效的路径。例如，我们可以继承和创新中华优秀传统文化中蕴含的崇尚创新创造等思想，把科学研究中实事求是、尊重规律等科学精神融入中华优秀传统文化创造性转化和创新性发展中；把科学研究中的思维方式如辩证思维、实证思维、推演思维等方法论融入中华优秀传统文化创造性转化和创新性发展中；等等。还要认识到，中华优秀传统文化与科学文化是相辅相成的：一方面，中华优秀传统文化的创造性转化和创新性发展需要与科学文化的思想精髓相结合，增强创造性转化和创新性发展的动力；另一方面，科学文化也可以从中华优秀传统文化中汲取智慧、得到滋养，更好发挥造福社会、造福人类的功能。

融合带来创新，融合促进发展。与科学文化相结合推动中华优秀传统文化创造性转化和创新性发展，要始终坚持以马克思主义为指导，深入贯彻落实习近平总书记关于推动中华优秀传统文化创造性转化和创新性发展的重要论述精神，不断激活中华优秀传统文化的生命力，不断为中华优秀传统文化创新发展注入新鲜血液和强大动力。我们完全可以相信，坚持创造性转化和创新性发展，中华优秀传统文化必将展现更加旺盛的生命力，为人们认识和改造世界提供有益启迪，为国家和社会治理提供有益启示，为社会道德建设提供有益启发，更好构筑中国精神、中国价值、中国力量。

《人民日报》2022年6月6日第9版

拓展阅读

中国动画：承百年薪火　扬民族之风

速　达

百年探索形成"中国动画学派"

1922年，由万氏兄弟制作的第一部动画广告片《舒振东华文打字机》上映，拉开了中国动画百年序幕。1941年，中国第一部动画长片《铁扇公主》问世。作为中国动画萌芽与发轫时期的经典之作，该片至今仍为观众津津乐道，激励了无数动画人在民族动画创作的道路上砥砺前行。1957年，上海美术电影制片厂（简称"上美影"）诞生，首任厂长特伟带领一批动画创作者，十年间创作出200余部长短美术片，奠定了新中国动画的创作基础。自此，众多艺术家在动画创作中，广泛运用传统文化元素，汲取传统艺术精华，开启了中国动画独立自主的艺术探索之路。

1961年，水墨动画《小蝌蚪找妈妈》问世，中国动画人将工笔重彩、水墨绘画、剪纸、皮影、年画、版画等传统艺术引入动画创作之中，让作品在制作工艺和视觉风格上呈现出鲜明的民族特色，形成了独具中国特色的美术片。除了

> **拓展阅读**

运用水墨艺术的《小蝌蚪找妈妈》，在角色造型与动作设计上融入木偶元素的《神笔》，使用了"剪""雕""镂""刻"等剪纸技艺的《金色的海螺》，将中国古代民间年画、庙宇建筑、佛像雕塑等元素融为一体的《大闹天宫》，都是这一时期优秀美术片的代表。

一代代中国动画人，在探索民族风格道路的过程中，逐渐形成以中国文化为创意源头、以中国元素为表达形式、以中国风骨为精神内涵的艺术风格，也形成了享誉世界的"中国动画学派"。

回望百年中国动画长廊，中国民族动画有两大特点：一是大多从中国传统神话、民族寓言传说中取材，如《大闹天宫》《哪吒闹海》《金猴降妖》《葫芦兄弟》《宝莲灯》等；二是继承了中国古典美学"文以载道"的价值观，形成了"寓教于乐"的创作传统。因此，我们评价一部动画作品的优劣，往往不仅要看它好看不好看，还要看它告诉了观众什么道理。

二次崛起重在坚守民族风格

进入21世纪，国家大力发展动漫产业，出台了相关扶持政策。2008年以来，我国电视动画片产量逐年增长，到2011年，年产动画总时长达26.1万分钟，跃居世界第一。

怎样弘扬中华优秀传统文化

> **拓展阅读**
>
> 然而,一段时间里,由于过度追求数量,而没有在文化、审美、质量等方面同步提升,动画行业产生了一定泡沫。国产动画如何二次崛起、再创辉煌,成为创作者和观众共同关心的话题。
>
> 早在1955年,特伟导演在创作《骄傲的将军》时,就提出"探民族风格之路"的口号,对之后几十年中国动画的发展产生了深刻影响。坚守民族立场,弘扬民族风格,既是中国动画曾经获得世界瞩目的秘诀,也应是当代中国动画回归初心、二次崛起的主要路径。
>
> 我们常说,只有民族的才是世界的。这句话的意思是,只有彰显民族个性的内容,才具有独特价值,才有可能更好地走向世界。全球化语境下,中国动画尤其要坚守民族风格,如果一味模仿外国作品,只会在同质化中泯然于众,失去传播力和竞争力。过去几年,《大圣归来》《哪吒之魔童降世》《白蛇:缘起》等优秀国产动画作品,之所以能够取得口碑与票房的双赢,就是因为它们深扎民族文化沃土,具有鲜明的民族风格。
>
> 坚守民族风格,就要在内容上自觉从中华优秀传统文化中寻找灵感,并针对不同受众和媒介的特点,探索用动画实现中华优秀传统文化创造性转化、创新性发展的路径,并在

> **拓展阅读**

观念上寻求"传统演绎"与"当代叙述"的契合点，架构起传统文化与现代人沟通的桥梁。

坚守民族风格，就要让作品散发出中国文化的古典神韵。在媒介融合与视听技术发展日新月异的当下，动画创作者应当认真思考，如何在创作中实现传统艺术形态风格的"高保真"，并在此基础上找到传统艺术同当代人审美范式与心理需求相契合的切口，让传统文化能够真正在现代观众中间扎根、发芽、开花、结果。

用创新方式讲好中国故事

站在新百年的起点，中国动画人既面临着机遇，也面临着挑战。动画创作的手工时代已经落幕，数字时代悄然来临。必须顺应时代潮流，拥抱全新的表达方式，运用数字技术彰显民族风格。在这方面，一些机构已经在努力探索。如上美影与世界知名影视特技制作公司合作，运用先进的影像技术，制作推出《大闹天宫》（3D版），让传统经典重新焕发活力。

观众审美的多样化，流行文化的冲击，让一些人对中国动画能否坚守民族风格心怀疑虑。其实，传统与流行从不矛盾，而民族风格也并非一成不变。过去这些年，中国动画人坚持守正创新，与时俱进，不断提升作品的艺术表现力、文

> **拓展阅读**

化感染力、市场竞争力。例如，20世纪90年代末，面对外国动画的冲击，上美影"四年磨一剑"推出《宝莲灯》，这是第一部全国同步公映的国产动画电影，当时获得了2900万元的票房，在国产动画电影商业化道路上，具有里程碑意义。2021年，上美影与B站合作推出动画短片集《中国奇谭》，在观众面前铺陈开一个个极具中式想象力和审美魅力的故事，探索出用动画传承中国传统文化的新形式、新道路。

此外，新的时代环境下，中国动画还面临着诸如资金、人才等各方面的问题。例如，国有制片厂如何突破人才引进的限制，怎样实现电影制作前、中、后期的人才补充，怎样保证有充足资金投入到动画创作中。当然，最大的挑战是，在新的时代环境下，怎样将优秀传统文化与动画艺术相结合，用情用力讲好中国故事，创作出真正的好作品。

在笔者看来，中国动画人要坚持"四有"创作理念，即"有根""有美""有为""有魂"。"有根"，即作品要植根于中华优秀传统文化，并与社会主义先进文化相适应；"有美"，即传承弘扬中华美学精神，创作高品位、高颜值、高品质的作品；"有为"，即坚持为人民创作，多出反映时代、服务人民的好作品；"有魂"，即作品要反映中国精神，塑造中国形象，用中国故事打动世界观众。

14

天人合一的内涵与时代价值

郭齐勇

对于宇宙观，中华优秀传统文化中有丰富表达。习近平总书记指出："中华文明历来崇尚天人合一、道法自然，追求人与自然和谐共生。"中华宇宙观中蕴含的天人合一理念，集中体现着中华民族对整个宇宙以及人与宇宙万物关系的根本看法。讲清楚天人合一的内涵和意义，有助于深刻理解中国人的宇宙观及其对当今时代的重要价值。

关于人与宇宙的关系，中国古代不同思想家有不同主张。经过长期交流交锋，天人合一逐渐成为主流观点。这种观点强调人与宇宙的互动与和谐。孟子说："亲亲而仁民，仁民而爱物"，主张把对亲人的爱推及邻人、推及百姓，乃至推及万物万类。庄子说："天地与我并生，而万物与我为一"，认为人可以提升自己的境界，以"与天地精神往来"。《周易》中的"道"，综合天道、地道、人道，其中"天地"是万物之母,一切皆由其"生生"而来,"生生"是"天地"内在的创生力量。天道、地道、人道既是一个不断创生的系统,也是一个各类物种和谐共生的生命共同体,这就从自然规律的角度阐释了天人合一如何可能的问题。此后,宋代理学家张载讲"民吾同胞,物吾与也",意即百姓是我的同胞,自然万物都是我们的兄弟,倡导要爱人类,也要爱自然万物。程颢的"仁者以天地万物为一体",认为人的仁心仁性以天地万物为一体,要把爱给予他人和万物,使爱具有遍布于人与万物的普遍性。明代思想家王阳明的"一体之仁"说,把人所具有的仁爱之心由"爱人"扩展到"爱物",从而把人与天地万物有机结合起来。

天人合一的宇宙观内含从万物相互联系出发而非孤立片面看待世界的观点,强调整个世界的有机关联。人与自然、人与人、人与社会之间是共生共存的关系。按照这样的宇宙观,人与天地万物属于同一个大的生命共同体,这样就把人类的生存与宇宙万物的生存联系起来。当然,讲天人合一,并非把天与人直接等同起来。很多思想家认为天是天、人是人,天人合一是有区别的统一。例如,荀子在《天论》中说:"天行有常",即自然有自然的规律。他主张"明于天人之分",即认识到天与人的职守不同;强调人在一定意义上,可以"制天命而用之"。唐代刘禹锡认为:"天与人交相胜耳。"柳宗元则强调,天与人"其事各行不相预",即天与人各有其发挥作用的领域,彼此作用不可相互取代。可见,中国古人在讲天人合一时,也包含"天人相分"的意思,即有分有合、先分后合。

天人合一的宇宙观蕴含着中华文明的生存理念,在今天仍然具有重要价值。这一理念与西方近代以来人类中心主义的自然观截然不同。人类中心主义的自然观认为人是主体，人以外的生命和自然界均为客体，是人认识、利用和改造的对象。受人类中心主义自然观影响，人类自进入工业文明时代以来，在创造巨大物质财富的同时，也加速了对自然资源的攫取，打破了地球生态系统原有的循环和平衡，造成人与自然关系紧张。天人合一的宇宙观建立在对人与天地万物一体同源的体悟之上，其中蕴含着人与自然万物共存共生的生命共同体意识，倡导人们对自然万物持有仁爱之心，将天地万物视作同自己紧密相连的存在，从而把天地人统一起来，把自然生态同人类文明联系起来，这为构建中国特色生态哲学提供了重要价值论参考。在天人合一的宇宙观中，不存在所谓绝对独立存在的客观自然，自然不是外在于人的"他者"。人与天地自然万物是共存关系，相即相容、相互依存、和谐共生，共同维持着整个生态系统的平衡，这为构建中国特色生态哲学提供了重要关系论参考。此外，天人合一的宇宙观还明确了人对于天地万物的责任和义务，为人的行为划定了红线，强调人类应当善待自然，按照自然规律活动，对自然心存敬畏，对自然资源取之有时、用之有度，维护人与自然万物之间的平衡，实现人与自然和谐共生，这为构建中国特色生态哲学、寻求永续发展之路提供了重要实践论启示。我们要坚持以习近平生态文明思想为指导，汲取中华优秀传统文化中天人合一宇宙观的智慧，推动建设人与自然和谐共生的现代化。

《人民日报》2022年6月20日第9版

拓展阅读

弘扬向上向善的文化

曾建平

云南丽江华坪女子高中校长张桂梅扎根边疆教育一线40余年，给大山里的女孩带去知识和希望；扶贫干部黄文秀以"不获全胜、决不收兵"的信念带领乡亲们苦干实干，把最美的青春年华无私奉献给脱贫事业；黄山风景区的工作人员李培生、胡晓春长年在山崖间清洁环境，日复一日呵护着千年迎客松，用心用情守护美丽黄山……我们身边，总有这样舍小我、求大我的人，他们在奉献中传递大爱、在坚守中成就不凡，彰显向上向善的社会正能量。

2022年8月13日，习近平总书记给"中国好人"李培生、胡晓春回信，勉励他们积极传播真善美、传递正能量，带动更多身边人向上向善。向上向善是真善美价值追求、正能量价值取向的具象化表达。新时代弘扬向上向善的文化，对于弘扬社会主义核心价值观、推进社会主义道德建设、坚定文化自信具有重要意义。

国无德不兴，人无德不立。中华优秀传统文化中蕴含着

> **拓展阅读**

很多劝导人向上向善的思想理念，如"己所不欲，勿施于人""与人为善""推己及人""兼善天下""利济苍生"等。向上向善的文化传承中华优秀传统文化的基因，反映社会主义核心价值观的内在要求，体现思想向上、行动向前、心中向善的自觉与自省，不仅可以激发人们内心深处的道德责任感，而且有助于涵育家庭美德，带动社风民风积极向上，凝神聚气、凝心聚力，聚合推动民族发展和社会进步的力量。

党的十八大以来，以习近平同志为核心的党中央高度重视社会主义精神文明建设，坚持从大处着眼、小处着手，弘扬向上向善的文化，全社会道德建设蔚然成风，为中国特色社会主义事业提供了丰沛道德滋养。从推动形成爱国爱家、相亲相爱、向上向善、共建共享的社会主义家庭文明新风尚，到培育积极健康、向上向善的网络文化，我们从治家、治网等多方面培育向上向善的文化。从全国道德模范、"中国好人"到"时代楷模""最美人物""最美奋斗者"等，我们充分发挥榜样示范作用，一个个可信可学的榜样感召人、影响人，激励人们见贤思齐、择善而从，在全社会营造奋发向上、崇德向善、德行天下的浓厚氛围。

习近平总书记指出："我们要建设的社会主义现代化强国，不仅要在物质上强，更要在精神上强。精神上强，才是

> **拓展阅读**

更持久、更深沉、更有力量的。"构筑中华民族精神大厦，是建设社会主义现代化国家的应有之义和坚实支撑。我们正处在全面建设社会主义现代化国家开局起步的关键时期，完成艰巨繁重的改革发展任务、应对复杂严峻的风险挑战，需要全社会以积极进取的姿态去开拓奋斗，需要进一步弘扬向上向善的文化，为党和国家事业发展提供源源不断的精神动力和道德滋养。只要我们一代接着一代追求美好崇高的道德境界，我们的民族就会永远健康向上、永远充满希望。

新时代进一步弘扬向上向善的文化，要坚持日日为继、久久为功，坚持春风化雨、润物无声。既要以文化人，充分挖掘中华优秀传统文化中适合于调理社会关系和鼓励人们向上向善的内容，结合时代条件加以继承和发扬，赋予其新的内涵，使之成为涵养向上向善德行的重要资源；又要以榜样引领，进一步培育和弘扬全社会向英雄模范致敬、向先进楷模学习的良好氛围，进一步完善和细化德者有得、好人好报的政策和制度保障，让先进人物的事迹和品德成为激励人们积极进取和崇德向善的动力；还要注重实践养成，引导人们把对高尚道德的追求外化为自觉行动，争做社会的好公民、单位的好员工、家庭的好成员，为中华民族伟大复兴奉献自己的光和热。

15

结合时代要求践行人心和善的道德观

吴潜涛

中华民族在5000多年文明发展中创造的中华道德文明，是中华民族独特的伦理精神标识，是激励中国人民树立高度文化自信和文化自觉的精神力量。深刻理解中华道德文明的科学内涵及其时代价值，对于丰富完善社会主义道德体系具有重要而深远的意义，能够为创造人类文明新形态的社会实践提供有力道德支撑。

道德观是对人与自身、人与他人、人与社会、人与自然伦理关系的系统认识和根本看法，是依靠社会舆论和劝说力量，用善恶进行评价的行为准则、规范体系。人心和善表征着心灵祥和安乐的状态，包含着崇德向善的道德要求，既体现一个人的道德修养，也是中华文化长期倡导的对待他人与社会的态度。人心和善是中国人精神领域的特质禀赋，彰显着中国人道德观的风格和气派。

人心和善是一种与人的存在和发展融为一体的道德要求。《周易》提出"善不积不足以成名，恶不积不足以灭身"；老子提出"上善若水"；孟子主张"恻隐之心，人皆有之""君子莫大乎与人为善"；等等，都把善与为人之本、安身立命联系在一起，体现着中国人崇德向善的美好追求。

人心和善是一种以"和合"价值理念为遵循的道德要求。中华传统文化中，对"和合"的表述很多。《诗经》中就有"既和且平，依我磬声"的说法；儒家倡导"大道之行，天下为公"；道家提出"万物负阴而抱阳，冲气以为和"；法家主张"和合故能谐"；墨家主张"兼爱""尚同"；等等。"和合"成为中国传统社会的重要价值理念。在中国人的血脉中，作为道德的"善"同作为社会价值理念的"和"相辅相成、融为一体。"善"是"和"的基础，是"和"实现的道德支撑；"和"制约、规定着"善"，是"善"的价值引领和目标指向。《大学》中说的"格物、致知、诚意、正心、修身、齐家、治国、平天下"，就是对"和"与"善"关系的经典表述。由此可见，中国人的"和善"心性，不仅是对人的态度，也体现着天下为公的道义情怀。

人心和善是一种以仁爱为核心的道德要求。在中国文化中，和善并不是一个抽象的道德符号，而是有其具体规定的。《论语·颜渊》写道："樊迟问仁，子曰：'爱人。'"孔子还进一步阐明了仁爱的道德要求："夫仁者，己欲立而立人，己欲达而达人。""己所不欲，勿施于人。"儒家的"仁者爱人"思想，生动勾勒了中国人的"和善"心性，体现着"推己及人"的道德境界。

在5000多年的中华文明发展史中，人心和善的道德观为中华民族生生不息、不断发展壮大提供了重要精神力量。它形成于中国传统的伦理关系之中，其蕴含的讲仁爱、崇正义、尚和合等价值理念，体现的以和为贵、与人为善、助人为乐等传统美德，已深深植根于中国人的精神中，体现在中国人的行为上。无论时代发展到哪一步，这些闪光的美德规范永远不会过时，是支撑中华民族屹立于世界民族之林的坚强精神柱石。

中国特色社会主义进入新时代，在以习近平同志为核心的党中央坚强领导下，全党全国人民正意气风发地奋进在实现第二个百年奋斗目标的新征程上，弘扬全人类共同价值、创造人类文明新形态的实践呼唤着传承弘扬中华道德文明的智慧和精华。我们要坚持马克思主义道德观、社会主义道德观，充分认识人心和善的道德观的时代价值，不断推进中华传统美德创造性转化、创新性发展，赓续好中华民族的道德基因和血脉。坚持守正创新，不断推动人心和善的道德观与新时代公民道德建设相适应、与社会主义核心价值观的培育和践行相融合，更好构筑中华民族独特的价值追求和伦理精神。坚持问题意识和问题导向，深刻理解人心和善的道德观的核心要义，促进全体人民在理想信念、价值理念、道德观念上紧紧团结在一起，明确价值导向、弘扬美德义行，引导人们向上向善，自觉树立和践行社会主义核心价值观，追求更有高度、更有境界、更有品位的人生。

《人民日报》2022年6月20日第9版

拓展阅读

让优秀传统文化活起来，传媒责无旁贷

吕 帆

2022年7月16日，《求是》第14期刊发习近平总书记重要文章《把中国文明历史研究引向深入，增强历史自觉坚定文化自信》，为深化中华文明研究成果的宣传、推广、转化工作指明了方向。

寻古溯源对探析文明流变有重大意义，而让源远流长的华夏文明飞入寻常百姓家，则要借助大众媒体的传播之力。近年来，一批文化综艺节目致力于推动中华优秀传统文化创造性转化、创新性发展，并在主题挖掘、美学表达、技术加持等方面展现出"崭新时代＋千年探寻"的中式魅力。

在主题挖掘上，中华文明的历史厚度得到进一步拓展。一系列文化综艺聚焦"何以中国""是以中国"，在历史长河中探赜索隐、披沙拣金，将中国文明的主题拓宽至五千多年文明史、一万年文化史、百万年人类史。《中国考古大会》聚焦北京周口店遗址、河南安阳殷墟遗址、四川广汉三星

> **拓展阅读**

堆遗址等12处文明遗址，首期节目便走入"神秘古城"良渚，以一系列考古证据无可辩驳地实证中华五千多年文明史；《万里走单骑——遗产里的中国》打造"世遗中国色"，呈现中国世界文化遗产的新奇观、新地标、新景象、新人文；即将播出的《寻古中国》以"古迹、古人、古物、古籍"为线索，一块不起眼的粗陶、半粒碳化的水稻都可以成为"文明信物"，记载着中华文明生生不息的历史和"上穷碧落下黄泉"的考古探源历程。

在美学表达上，中华文明的精神高度得到进一步呈现。习近平总书记指出："中华美学讲求托物言志、寓理于情，讲求言简意赅、凝练节制，讲求形神兼备、意境深远，强调知、情、意、行相统一。"中华美学精神潜存于中国人的意识深处，悄然而深刻地影响着人们的审美偏好、审美趣味和审美理想，如何以影像之魅，展文明精神？大众媒体大有可为。广受好评的《典籍里的中国》将《尚书》《周易》《楚辞》等古老典籍化为戏剧故事、现代影像，用一次次"古今穿越"，寻得文明的"根"、文脉的"魂"；《舞千年》中，一段现代舞《火》模拟出火焰跳动摇曳的旖旎之感，展开一幅华夏祖先远古取火、百姓生火的悠久画卷；《中国》融汇纪录片与影视剧的视听语言，在"疏而不空，满而不溢"中建立

> **拓展阅读**
>
> 起自成一体的美学风格，充盈着意蕴之气与留白之美。
>
> 在技术加持上，中华文明的"清晰度"得到进一步提升。"以古人之规矩，开自己之生面"，是文明探源成果进行大众传播时需要直面的挑战。以数字技术为支撑，打造高水平的视听空间已成为文化综艺触达更多青年观众的必要手段。"中国节日系列"大量融合威亚技术和AR视觉效果呈现国风、国韵、国潮，"每一帧可做屏保，每一秒都有美好"的中式审美颇受年轻人追捧；在《古韵新声》七夕特别节目中，歌曲《鹊桥仙》以AR技术呈现立体星云，观众即刻便可进入牛郎织女重逢的星河之中；即将播出的《非遗里的中国》将使用高自由度视角扩展、超比例拍摄、微型穿梭机、微分干涉显微镜头、3D蜡像冻结等技术呈现非遗技艺，力求以年轻态的方式重新定义非遗，实现非遗与当代生活的连接。
>
> 文明赓续需要"亘古亘今、日新又新"的活力，其背后的价值正如著名考古学家苏秉琦先生所指出的：对中国文化的起源、中华民族的形成、统一多民族国家的形成和发展等问题做出回答，便可能对"国家的统一，人民的团结，国内各民族的团结"作出更多的贡献。因此，让文明色彩亮起来、让文化遗产活起来，切实提升中华文明影响力和感召力，不仅是要回首过往，更是为了走向未来。

16

弘扬中华民族协和万邦的天下观

叶小文

习近平总书记在主持中央政治局第三十九次集体学习时指出："中华文明自古就以开放包容闻名于世，在同其他文明的交流互鉴中不断焕发新的生命力。"在中华文明史上，协和万邦的理念一脉相承，集中体现着中国人特有的天下观。

中华文明是在同其他文明不断交流互鉴中形成的开放体系。亲仁善邻、协和万邦是中华文明一贯的处世之道，天下一家、世界大同是中华民族源远流长的思想传统。《尚书·尧典》中讲："克明俊德，以亲九族。九族既睦，平章百姓。百姓昭明，协和万邦。"这里所说的尧之"德"，是要让家族和睦；家族和睦之后再协调百姓，也就是协调各个家族之间的关系，以实现社会和睦；社会和睦之后再协调各邦国的利益，让各邦国都能够和谐合作。其中的"协和万邦",在今天可以理解为协调不同国家之间的关系,促进各个国家相互尊重、相互合作、共同发展。

以和为贵、和而不同、化干戈为玉帛、天下大同等理念在中国世代相传。协和万邦的天下观,蕴涵"和气"、氤氲"和风",彰显中华文明源远流长的"和"文化。《中庸》有云:"中也者,天下之大本也;和也者,天下之达道也。""和"文化是中华文明的精髓所在。"和"的核心精神,是相互承认、彼此尊重、和谐圆融。"和"的基础,在于和而不同、互相包容,求同存异、共生共长。"和"的途径,是以对话求理解,和睦相处;以共识求团结,和衷共济;以包容求和谐,共同发展。"和"的佳境,是各美其美、美人之美、美美与共、天下和美。

协和万邦的天下观,与各国人民对美好世界的追求相契合。西方近代人本主义思潮强调人作为个体的自由与权利,强调尊重人的本能欲望,这虽然促进了资本主义经济迅猛发展,但也带来个人主义的膨胀。今天,个别西方国家奉行自我优先的单边主义、保护主义、霸权主义,从某种程度上就是西方人本主义极端化的表现。当今时代,各国是相互依存、彼此融合的利益共同体,不能牺牲他国利益来谋求一己之利。人类文明百花园绚烂多彩,不同文明各有千秋,应坚持弘扬平等、互鉴、对话、包容的文明观,以文明交流超越文明隔阂,以文明互鉴超越文明冲突,以文明共存超越文明优越。因此,协和万邦的天下观在今天仍然闪耀着智慧光芒。

习近平总书记强调:"在5000多年的文明发展中,中华民族一直追求和传承着和平、和睦、和谐的坚定理念。"在协和万邦的天下观感召下,以和为贵,与人为善,己所不欲、勿施于人等理念在中国代代相传，深深植根于中国人的精神中，充分体现在中国人的行为上。在处理对外关系时，中华民族积极开展对外交往通商，而不是对外侵略扩张；秉持保家卫国的爱国主义，而不是开疆拓土的殖民主义。古代中国长期是世界强国，但中国对外传播的是和平理念，输出的是丝绸、茶叶、瓷器等丰富物产。中国走和平发展道路，不是权宜之计，更不是外交辞令，而是从对历史、现实、未来的客观判断中得出的结论，是思想自信和实践自觉的有机统一。今天的中国，传承和弘扬协和万邦的天下观，既通过争取和平的国际环境来发展自己，又通过自己的发展来促进世界和平，以宽广胸怀理解不同文明对价值内涵的认识，尊重不同国家人民对自身发展道路的探索。事实证明，中国走和平发展道路，不是为了说服谁、取悦谁、安慰谁，而是基于自己的基本国情和文化传统，基于全人类的根本利益和长远利益作出的正确抉择。

协和万邦的天下观，蕴含着民胞物与、立己达人、家国一体、天下大同等中华优秀传统文化智慧，具有深刻的现实意义。当今世界，人类前途命运的休戚与共前所未有，各国相互联系和彼此依存比过去任何时候都更频繁、更紧密，整个世界日益成为你中有我、我中有你的命运共同体。中国坚定不移扩大开放，扎实推动共建"一带一路"高质量发展，既发展了自己，也造福了世界。把中华文明中协和万邦的理念讲深讲透，可以让世界看到中国推动人类共同发展、共享未来的积极贡献，不断为构建人类命运共同体凝聚共识、汇聚合力。

《人民日报》2022年6月20日第9版

拓展阅读

从传统书院制度中汲取文化滋养

邓洪波

2020年9月，习近平总书记考察调研湖南大学岳麓书院时，鼓励青年学子不负时代重托，不负青春韶华，为实现第二个百年奋斗目标、实现中华民族伟大复兴的中国梦奉献自己的智慧和力量。书院制度是我国传统教育发展的产物，对我国教育、学术和文化事业的发展以及中华文明的传承和延续作出了重要贡献。坚持走中国特色社会主义教育发展道路，建设高质量教育体系，需要结合新的时代条件，对传统书院制度进行创造性转化、创新性发展。

书院是读书人围绕书籍进行文化积累、研究、创造与传播的文化教育组织。书院的诞生既得益于以造纸术、印刷术为代表的传统科学技术的长足进步，又与唐宋科举社会形成后兴文重教的社会风气密不可分。经过千余年的发展，书院在清代几乎遍布全国，形成多种类型和等级的书院，以满足各社会群体的多层次文化教育需求。书院制度具有公平性、开放性和公益性等特征。

> **拓展阅读**

书院制度推崇"成人"理念，强调人格教育的重要性。"成人"理念源于孔子，他认为"成人"应该具备智慧、德性、意志、才艺等多方面素质，其中德性最为重要。书院成为这一教育理念的重要载体。在《白鹿洞书院揭示》中，朱熹认为，教人为学在于讲明义理，以修其身，然后推以及人；为学方法则是博学之、审问之、慎思之、明辨之、笃行之；学生在学习文化知识以外，从修身、处世、接物等方面进行道德的体悟与践行。《礼记·学记》提出藏修息游的学习方式，强调学习与息游结合，有张有弛。一些书院选址在风景秀丽的名山大川，既有正课学习，又有课外活动与自习，让学生感受求知的乐趣。可见，书院的道德教育并非单向的说教、灌输，而是重在引导学生自我体悟、躬行实践，让他们在学习、起居、行止中接受春风化雨、润物无声式的道德教育。这对于新时代落实立德树人根本任务，构建德智体美劳全面培养的教育体系，培养更多德智体美劳全面发展的社会主义建设者和接班人，具有启发意义。

书院倡导"传道济民"的教育宗旨，注重培养学生的家国情怀。传道济民，即通过弘扬中华优秀传统文化之"道"促进爱民利民，强调爱国爱家、关心时事、尊重文化、学以致用、以民为本。我国历史上很多忠贞义士受过书院教育熏

> **拓展阅读**

陶。民族英雄文天祥早年在江西白鹭洲书院跟随名儒欧阳守道求"有益于世用"之学,对其一生产生了重要影响。受张栻"盖欲成就人才,以传道而济斯民也"教育宗旨的影响,当南宋朝廷面临严重政治危机之时,岳麓书院师生心系家国,积极投身于经世济民的活动中。书院制度所蕴含的"经世济民"的价值取向和精神内涵,是中华优秀传统文化的重要内容。深入挖掘其时代价值,有助于我们从中汲取营养和智慧,承继文化基因,不断增强中华民族的归属感、认同感、尊严感、荣誉感,让爱国主义精神牢牢扎根。

书院制度具有包容性,为学术创新和文化交流提供了空间。书院山长多为名师大儒,倡导合乎传统人文教育理念的教学方法与教育制度。书院的会讲制度为不同学派提供交流的平台,学术大师可自主到各书院讲学,如朱熹、张栻在岳麓书院的"朱张会讲",朱熹、陆九渊在鹅湖书院的"鹅湖之会",在争论辩难中将学术发展推向新的高度。因此,一些书院成为新兴学术思潮的大本营。程朱理学、陆王心学、乾嘉汉学等学派的发展,都离不开书院制度的创新学风和宽松环境,这可以为当今的学术研究和创新提供有益启示。文化包容是中国书院制度走向世界的一个重要原因。从明代开始,书院制度移植到朝鲜、日本、越南、马来西亚、新加坡

> **拓展阅读**

乃至欧美,成为当地了解、接受中华文化的窗口,并融入当地的文化传统,有的至今仍在发挥作用,有力促进了中外文化交流。这对于构建更加开放的国际人才交流合作机制、进一步增强我国文化软实力具有一定参考意义。

17

揭示中华文明起源、形成、发展的历史脉络

王 巍

"中华文明探源工程",全称是"中华文明起源与早期发展综合研究",是继国家"九五"重点科技攻关项目——"夏商周断代工程"之后,又一项由国家支持的多学科结合研究中国古代历史与文化的重大科研项目。经过参加工程的 20 多个学科的 400 多位学者共同努力,中华文明探源工程取得显著成果:对中华文明起源、形成、发展的历史脉络,对中华文明多元一体格局的形成和发展过程,对中华文明的特点及其形成原因等,有了较为清晰的认识。习近平总书记在主持中央政治局第三十九次集体学习时强调:"中华文明探源工程成绩显著,但仍然任重而道远,必须继续推进、不断深化。"面向未来,继续推进、不断深化中华文明探源工程,逐步还原文明

揭示中华文明起源、形成、发展的历史脉络

从涓涓溪流到江河汇流的发展过程，推动研究成果的宣传、推广、转化，需要广大考古工作者和历史研究工作者持续努力。

中华文明探源工程的缘起

中国古代史籍把黄帝和炎帝时期作为中华文明的肇始，但古代文献中关于炎黄时代的记述有不少带有神话色彩，属于古史传说，并不能作为信史。直到20世纪末，国内和国际学术界都有一些人对中华民族拥有5000多年文明史持怀疑甚至否定态度。中国史学界很多人认为中华文明开始于中国历史上的第一个王朝——夏朝，而部分国外学者和个别国内学者怀疑甚至否定夏朝是真正存在过的王朝，认为古代中国进入文明社会的时代只能从符合"文明三要素"（冶金术、文字、城市）并为甲骨文所证明的商朝后期开始算起。

要想消除社会上和学术界存在的疑问，搞清中华文明起源、形成的历史，实证中华民族5000多年文明史，非常重要的就是要依靠考古发掘获得的新资料来研究和证实中华文明起源、形成与早期发展的过程。因此，"夏商周断代工程"告一段落后，参加工程的学者们建议，继续"夏商周断代工程"开启的多学科结合研究人文科学重大问题的机制，开展中华文明起源、形成、发展历史脉络的研究。2001年底，"中华文明起源与早期发展综合研究"立项。

中华文明探源工程的实施过程

中华文明探源工程的宗旨是：多学科、多角度、多层次、全方位地研究中华文明的起源、形成与早期发展的过程，并探索形成这一过程的背景、原因、发展道路及其特点。多学科，就是各个学科的有机结合；多角度，就是要从环境、生产力发展状况（包括农业和手工业）、精神生活、社会结构等多个角度来研究文明起源；多层次，就是不仅要研究都邑遗址和贵族的状况，还要研究位于都邑附近的中小型聚落和社会中下层人们的生活；全方位，就是要研究当时的政治、经济、文化、社会等的发展变化及其相互之间的关系。迄今为止，中华文明探源工程分为预备性研究和第一、二、三、四、五阶段。

中华文明探源工程预备性研究（2001—2003年）。由于这一项目涉及的时间和空间范围广，参与的单位和学科多，研究的内容复杂，项目的组织和实施难度较大，因此首先于2001—2003年进行了"中华文明探源工程预备性研究"。预备性研究设置了"历史文献与古史传说研究""天文考古学研究""史前符号汇集及其与文字关系研究""关键遗址的测年技术研究""冶金术研究""文明形成时期的资源与贸易研究""文明形成时期的经济状况研究""文明形成时期聚落与社会研究""环境变迁与文明演进关系研究"9个课题。经过研究，各个课题获得了不同程度的进展。预备性研究最大的收获是，初步摸索出一套多学科结合研究中华文明起源与早期发展的技术路线和实施方案，为正式开展中华文明探源工程奠定了坚实基础。

中华文明探源工程第一阶段（2004—2005年）。这一阶段开展"公元前2500年—公元前1500年中原地区文明形态研究"。这一时间段是龙山时代晚期到商朝初年。主要探讨中原地区这一时期的环境背景和经济技术发展状况及其在文明形成过程中的作用、各个都邑性遗址的年代、中原地区文明形成期的聚落形态所反映的社会结构、中原地区早期文明形态等问题。之所以从中原地区入手，是因为该地区考古学文化谱系已经建立，又有较多历史文献和古史传说作为参考，比较容易推动相关研究。

中华文明探源工程第二阶段（2006—2008年）。在第一阶段的基础上，把研究的时间范围扩展到公元前3500年—公元前1500年，空间范围从黄河中游扩展至黄河上、中、下游，长江中、下游和辽河流域等地，主要研究该时间段中各个地区都邑和区域中心性遗址及其所属考古学文化的年代、环境变化、经济技术发展状况和社会结构变化。

中华文明探源工程第三阶段（2009—2012年）。在前一阶段的基础上继续深化研究，研究的时间范围依然是公元前3500年—公元前1500年，重点研究课题包括黄河、长江及西辽河流域考古学文化年代谱系的完善和各地文明化进程中重大事件的年代学研究，各地区环境变化与文明演进的关系研究，各地区技术和生业的发展以及铜、玉、盐等重要资源与文明形成的关系研究，都邑性聚落和各个区域中心性聚落反映的社会结构研究，文明形成过程中精神文化的发展状况研究，中华文明形成和早期发展的整体性研究。

中华文明探源工程第四阶段（2013—2018年）。这一阶段的工作主要是对第三阶段设置的年代、环境、生业、都邑和聚落反映的社会结构以及整合研究等几大课题继续开展研究，在此基础上形成第四阶段结项报告。

中华文明探源工程第五阶段（2020—2024 年）。这一阶段仍然延续探源工程前四阶段的方针和技术路线，将近几年新发现的距今 5500 年到 3500 年的重要遗址纳入工程中，并加强了理论阐释方面的力度。

中华文明探源工程的意义

中华文明探源工程以辩证唯物主义和历史唯物主义为指导，经过考古发掘和多学科结合研究，以坚实的考古材料和综合研究成果证明，中华民族 5000 多年文明史是真实可信的历史。这一结论性认识对于我们了解中华文明的悠久历史、增强历史自信和文化自信、推动实现中华民族伟大复兴具有深远意义。

第一，通过对浙江良渚、湖北石家河、山西陶寺、陕西石峁、河南二里头等都邑性遗址开展的大规模考古调查和发掘，对各个地区的中心性遗址（如河南双槐树和西坡、山东焦家、辽宁牛河梁、安徽凌家滩、湖北石家河、四川宝墩等）的考古工作，获得了一系列重要发现，证明距今 5300 年到 4000 年间，各地区的文明化进程都有了很大发展。在农业和手工业生产发展的基础上，社会分工和贫富贵贱的分化加剧，出现了掌握军事指挥权与祭神权力、凌驾于社会之上的统治者——王和为其统治服务的官僚阶层，形成了较为稳定的、具有向心力的区域性政体——国家，相继进入了初期文明社会。

第二，通过多学科研究，对黄河、长江、辽河流域各个地区都邑和中心性遗址的年代，自然环境的变化与各地区文明兴衰的关系，各地区文明形成时期农业和手工业的发展、重要资源的获取及其与各地区文明演进的关系有了较为全面的了解。研究结果表明，文明的起源、形成、发展是一个过程，是适宜的自然环境、农业和手工业的发展、精神领域的进步、社会组织结构的变化、不同文化之间的交流互动等多种因素共同作用的结果。

第三，通过多学科研究，对各地区文明之间交流互动、汇聚融合，最终形成以中原地区为中心的历史格局的过程有了比较清晰的认识，对各地区文明在中华文明形成过程中发挥的作用有了比较清晰的认识。中华大地各个区域之间早在距今七八千年时就发生了交流，稻作和粟作农业技术由此得以在各地传播，为各地文明发展奠定了经济基础。各地人们在相互交流中逐渐形成共同的信仰。在此过程中，中原地区汇聚了各地先进的文化因素，形成了中华文明多元一体格局深刻的思想基础，为统一多民族国家的形成和发展奠定了坚实思想基础。

第四，大量考古发现表明，中华文明是土生土长的，是在自身基础上起源、形成的，但并不是封闭的。在漫长的形成和发展过程中，中华文明与其他文明之间发生过各种各样的交流。大约距今5000年前，黄河上游地区就接受了起源于西亚地区古文明的制作铜器、栽培小麦、饲养黄牛和绵羊等新的技术。与此同时，起源于史前时期中国的稻、粟、黍的栽培也向西亚和其他地区传播。特别需要指出的是，中华文明在接受了西亚地区传来的冶金术后，对其加以消化吸收，大约在距今4300年前的黄河中游地区发明了泥范铸造铜铃乃至青铜容器的技术。到了夏、商朝，青铜容器制作工艺技术得到突飞猛进的发展，形成了在世界上首屈一指的青铜文明。

第五，最为重要的是，在中华文明探源工程实施过程中，我们坚持以辩证唯物主义和历史唯物主义为指导，坚持马克思主义关于"国家是文明社会的概括"的国家观，以国家的出现作为判断一个社会进入文明社会的根本标志，突破了判断进入文明社会"三要素"的桎梏。我们提出的进入文明社会的标志包括：生产发展、人口增加，出现城市；社会分工和社会分化，出现阶级；权力不断强化，出现王权和国家。我们还从中国各地有关文明起源的一系列考古发现中，总结出在没有发现当时文字资料的情况下如何从考古发现中判断一个社会进入文明阶段的关键特征，即出现了作为政治经济文化中心的都城、规模巨大且制作考究的宫殿或神庙、规模大且随葬品丰富的墓葬、形成了表明尊贵身份的礼器和礼制、宽大壕沟或高大城墙以及大量武器随葬反映出的战争频发。上述判断进入文明社会的中国方案为丰富世界文明起源研究理论作出了中国贡献。

中华文明探源工程使国人和全世界炎黄子孙得以了解中华文明起源、形成、发展的历史脉络，了解中华民族5000多年文明史是真实的历史。中华文明探源工程所揭示的中华文明丰富内涵、灿烂成就和对人类文明作出的重大贡献，极大增强了中华民族的历史自信与文化自信，为实现中华民族伟大复兴提供源源不断的精神动力。

《人民日报》2022年7月4日第9版

> 拓展阅读

推进考古学与历史学融合发展

江林昌

习近平总书记在主持中央政治局第三十九次集体学习时强调:"要加强统筹规划和科学布局,坚持多学科、多角度、多层次、全方位,密切考古学和历史学、人文科学和自然科学的联合攻关,拓宽研究时空范围和覆盖领域,进一步回答好中华文明起源、形成、发展的基本图景、内在机制以及各区域文明演进路径等重大问题。"自1921年我国现代考古学诞生以来,考古学就与历史学相互促进、共同发展。面向未来,我们要继续推进考古学与历史学融合发展,推出更多考古成果和历史研究成果,讲清楚中华文明的辉煌成就及其对人类文明发展的重大贡献,更加坚定文化自信,更好传承文明薪火。

融合发展取得丰硕学术成果

百年来,考古学和历史学携手并进、相互支持,考古学在历史文献线索的指导下不断推进,历史学吸收考古研究前

> **拓展阅读**

沿成果而不断有新的突破。概括起来看,在中华文明史研究方面,考古学与历史学的融合发展主要取得了以下几方面学术成果。

纠正了"东周以上无史论",延伸了中华文明的历史轴线。我国考古学已建立了从旧石器时代、新石器时代、青铜器时代到铁器时代百万年的考古学文化序列,并在历史文献研究基础上着重对夏商周三代活动范围作了全面的考古发掘与研究。在此基础上,20世纪90年代,国家实施"夏商周断代工程",在司马迁《史记》西周晚期共和元年即公元前841年基础上,推出了一份完整的夏商周三代年表。在马克思主义唯物史观指导下,我国考古学以中国考古材料为依据,对历史学上的五帝时代大致对应的新石器时代晚期作了全面发掘与研究,特别是国家推动的"中华文明探源工程",给出了中华文明起源的三段进程:公元前3800年—前3300年为文明萌芽阶段,公元前3300年—前2500年为文明起源阶段,公元前2500年—前2000年为文明形成阶段。这样,5000多年中华文明史得到了考古学与历史学的双重实证,延伸了历史轴线,增强了历史信度。

改变了"黄河文明一元论",展示了中华文明多点起源的灿烂图景。中国地域辽阔,南北温差大,东西地势异。考

> **拓展阅读**

古研究发现，5000多年前，中原地区的仰韶文化、海岱地区的大汶口文化、燕山以北的红山文化、长江下游的良渚文化、长江中游的屈家岭文化等都闪现出文明的火花，考古学家苏秉琦先生形象地称之为"满天星斗"。几代考古工作者经过努力，又将中华大地早期文明发展大致划分为中原文化区、海岱文化区、甘青文化区、江浙文化区、江汉文化区、巴蜀文化区、河套文化区、辽西文化区等区系。这些区系的发展是动态的，在各区系内有具体的变化组合，区系之间更有碰撞交流。这就改变了"黄河文明一元论"，在空间上展示了中华文明多点起源的灿烂图景，丰富了历史内容，活化了历史场景。

突破了西方文明理论，厘清了中华文明起源和发展的历史脉络。传统的西方文明理论以两河流域、尼罗河流域、印度河流域的古文明为基准，认为人类文明都是沿着一条河流而单线发展的，如古埃及文明沿尼罗河上游顺流而下，即由上游40多个"诺母"文明发展到下游的"统一王朝"。而中国古代文明起源阶段的文化区分布于多个山川河流，情况非常复杂，内涵更为丰富。考古工作者与历史研究工作者通过宏观梳理把握，揭示出中国在五帝时代文明起源的1000多年时间里，基本上表现为各个文化区"多元并行"而又相

> **拓展阅读**

互影响的发展格局，到了夏商和西周早期文明1000多年的发展过程中，又表现为周边文化向中原地区汇聚的"多元一体"发展格局。这就突破了西方文明理论，厘清了中华文明起源和发展的历史脉络。

以科学路径强化融合发展

认识历史离不开考古学，考古工作取得进展也离不开历史学。考古学与历史学需要在增强融合意识、重视基础学科、开展比较研究上绵绵用力、久久为功。

增强融合意识。中国的学术传统本是"经史子集"一体，"文史哲"不分家。现代考古学的前身"金石学"也是为经史研究服务的，加强考古学与历史学的融合发展有着优良的民族学术传统基础。推进融合发展，需要进一步克服以往学科设置过细、学科界限划分过于严格带来的影响。要增强融合意识，让历史研究工作者更积极利用考古前沿信息，让考古工作者更好掌握古代文献典籍，并运用到文物研究工作中，在更大的学术格局中实现融合发展，彰显中国特色、中国风格、中国气派。

重视基础学科研究。中国独特的文明史造就了独特的古典学术。例如，中国的汉字从大汶口文化陶器刻画，发展到

> **拓展阅读**

商周甲骨文、青铜铭文,到战国西秦大篆、东土六国"古文",再到秦汉小篆、隶书,形成了形、音、义三位一体的民族特征。秦汉以后,围绕汉字产生的训诂学、音韵学、文字学,成为中国古典学术的重要内容。推进考古学与历史学融合发展,必须重视古代汉语、古典文献学、古典目录学、古典版本学等基础学科的学习与研究,在汲取其精华养分基础上实现融合发展。

开展比较研究。中国的考古研究与历史研究必须根据中国的国情展开。例如,考古学与历史学可以联合开展中国少数民族历史文化的调查与研究,从而揭示多民族国家不同民族文化之间的交流融合。在这方面,许多老一辈学者已经做出了示范。例如,徐中舒先生经常以二十四史中所记载的少数民族史料印证汉族历史文化的发展;杨向奎先生深入云南少数民族做社会学调查,从而领悟到屈原《天问》是一部伟大的民族史诗;冯汉骥先生开创西南少数民族考古,取得了重大成果;等等。这种比较研究方法,已成为推进考古学与历史学融合发展的有效途径。

更好认识和传承中华文明

推进考古学与历史学融合发展,是为了更好认识源远流

> **拓展阅读**

长、博大精深的中华文明，更加坚定文化自信，激活中华优秀传统文化的生命力。

揭示中华文明起源标志。考古工作者可以与历史研究工作者一道，通过考古资料和历史文献进一步研究中华文明起源标志。例如，根据考古发掘可知，新石器时代晚期在黄河中下游、长江中下游以及辽西地区普遍存在大量玉器，而且其中的高规格玉器几乎都出自高规格的墓葬、宗教礼仪中心、大型聚落中心的宫城区内，这说明这些高规格玉器应该为部落首领所使用，是宗教权力、军事权力的象征。再根据传世文献《越绝书》的记载，黄帝之时"以玉为兵"。"以玉为兵"的时代正是五帝时代文明起源阶段。这一考古工作与历史研究互证的玉器时代，是中华文明所独有的，对于我们研究中华文明起源标志有所启示，需要进一步加强研究。

总结中华文明发展规律。按照马克思主义唯物史观，不同的地理环境决定不同的生产方式，而不同的生产方式又会产生不同的思维方式、社会制度、文化习俗等。我国考古发掘表明，中国古代的农牧生产与血缘关系，从原始氏族社会一直延续到文明社会，而且农业、畜牧业、手工业也因基于血缘宗族关系的管理模式而出现了"虽分工但不分家"的现象。中华文明自身独有的发展规律，还需要考古工作者与历

> **拓展阅读**

史研究工作者联合开展深入研究。

激活中华优秀传统文化的生命力。考古成果和历史研究成果,有助于我们更好理解中华优秀传统文化。例如,中国古代的"天人合一""自强不息""厚德载物""阴阳变化"等观念,"家国一体""和而不同""慎终追远""敬老爱幼""四海之内皆兄弟""修身齐家治国平天下"等思想,都是中国独特历史文化和社会发展进程的产物。这些思想文化层面的讨论,都需要以考古学、历史学等深层次研究为基础。深刻揭示中华优秀传统文化超越时空的价值,推动其创造性转化、创新性发展,也有待于考古学与历史学携手合作、共同努力。

18

中华文明具有开放包容特质

叶 朗

中华文明源远流长、博大精深,是几千年来唯一没有中断、发展至今的文明。中华文明为何能够保持生生不息的强大生命力?习近平总书记指出:"中华文明自古就以开放包容闻名于世,在同其他文明的交流互鉴中不断焕发新的生命力。"分析中华文明的开放性和包容性,深入理解中华文明开放包容特质,不仅对于我们推动中华文明创新发展,而且对于我们树立正确文明观、加强文明交流互鉴,推动构建人类命运共同体,都具有重要意义。

中华文明是在同其他文明不断交流互鉴中形成的开放体系。例如,唐朝时期在文化上展现出五彩缤纷的景象,当时的长安是人口众多的国际性大都会。宋元时期的贸易港泉州,不同文化、风俗之间相互融通共存,后来泉州出土的一些混合着多种文化因素的墓葬石刻就是证明。中华文明的这种开放性和包容性植根于中华文化的深层哲学观念,如"物一无文""和而不同""和实生物,同则不继"等哲学观念。"同"就是"一",也就是绝对的同一,排斥异质的文化因素和文化成分。在中国哲学看来,"同"就不可能有生命,不可能有创造,不可能有发展。"和"则是不同文化成分、因素和谐共处。"和",要求容纳别人、谅解别人,进一步则是欣赏别人,也就是"各美其美""美人之美"。所以"和"意味着包容,意味着开放。中国人把自己的文明理解为一个包含多种因素、可以不断生发出新的意义和创造出新的价值的复杂系统。对新的文化因素,不会抱有恐惧和敌视的态度,而是一方面接纳它们、包容它们,尊重它们的特色;另一方面把其中的一些有益成分吸收、融合进来,充实、丰富中华民族的文化。正因如此,中华文明才能在漫长的历史发展进程中始终保持自己的生机和活力。

《论语》开篇就写道:"学而时习之,不亦说乎?有朋自远方来,不亦乐乎?"从发展自我、赋予新意义而言,中国人把学习放在重要的位置上。《论语》的第一句话表明,在中国人看来,通过学习来打开视野、提升自我是美好的事。而第二句话表明,中国人乐于接待来自远方的朋友,并且相信他们身上必有值得学习、借鉴的地方。中国人通过学习他人和接待朋友来提升自己,追求的是文明的和谐共处与交流互鉴。

"天地之大德曰生。"在中华文化的传统观念中,人的生命和宇宙的创化高于一切。中华文化看重人的生活世界,关注现实人生的价值甚于精神领域的抽象理念。正因如此,对于一种外来文化是否认可,主要取决于它是否有益于民生福祉，以及它是否有益于世道人心，并不苛求其抽象理念与自己绝对相同。也就是说，中华文明对外来文化认同的着眼点是看是否有益于老百姓的福祉和社会的和谐安定。这种着眼点，正蕴含着一种文化上的开放性和包容性。不论在哪种文化中，也不论在哪个时代，人都有生老病死，都要为维持生计和繁衍后代而操劳，整个社会也都要维持一套必要的规范和秩序，都要提倡呵护后代、对人友善、敬畏自然以及敬父母、重家庭、守法律、讲信用等。人类在最基础的生活层面的一致以及在最基本的伦理道德层面的相通，是不同文明之间可以沟通、交流的可靠保证。

当今世界，有些人仍持有"文明冲突论"。这种论调基于西方传统观念，着力划清自己和他人的边界，强调一种文明与另一种文明的界限和区别。这种论调认为，一种文明和一个人一样，要自我认识、自我确证，就需要树立一个与自己对立的"他者"。而中华文明的开放性与包容性，为我们观察和思考世界上不同文明之间的关系提供了超越"文明冲突论"的新的眼光和思维框架。人类文明并不是只有一种模式，也不是只有一条发展道路。不同文明之间并非只有相互冲突一种选择，而是可以"各美其美，美人之美，美美与共"。我们要尊重人类文明的多样性，坚持弘扬平等、互鉴、对话、包容的文明观，以文明交流超越文明隔阂，以文明互鉴超越文明冲突，以文明共存超越文明优越，共同建设开放包容的世界，夯实共建人类命运共同体的人文基础。

《人民日报》2022 年 7 月 25 日第 13 版

> 拓展阅读

深入挖掘中华优秀传统文化育人价值

李厚瑞

中华优秀传统文化是中华文明的智慧结晶和精华所在，与革命文化、社会主义先进文化共同构建了中国特色社会主义文化的基本内容，为激励全党全国各族人民奋勇前进提供强大精神支撑。对于高校而言，探索、挖掘和发扬中华优秀传统文化的育人价值，推动中华优秀传统文化创造性转化、创新性发展，从而在青年一代中凝聚起实现中国梦的强大精神力量，既是责任也是优势，既是当为也是乐为。在具体实践过程中，可着重把握以下几个维度。

首先，应注重阐发中华优秀传统文化的时代价值。中华优秀传统文化蕴含着中华民族的精神追求、精神基因与精神标识，是革命文化和社会主义先进文化凝结升华的基础。高校除了应在学术研究层面持续推动中华优秀传统文化创造性转化、创新性发展，还应通过教育教学创新阐发和弘扬中华优秀传统文化的时代价值。一方面，这需要我们充分挖掘符合时代情境的表达方式。例如，2022年北京冬奥会，上海

拓展阅读

交通大学强化学科交叉，推动冬奥赛事全球传播服务，打造"冬奥故事"门户网站，以28种语言向世界介绍北京冬奥会，并向用户精准推送赛事资讯、文化服务等冬奥特色内容，在弘扬中国文化、助力北京冬奥的同时，找到了以优秀传统文化育人的恰当时空场景。另一方面，要不断探索把握时代诉求的实践主题。例如，上海交通大学校史博物馆与敦煌研究院、中国敦煌石窟保护研究基金会联合发起"敦煌文化守望者"计划，通过专业化培训，实现莫高窟需求与高校文化志愿者能力的精准匹配，推动文化遗产的保护、传播与创新，在"两创"的路径与形式上做出了高校独有的拓展。可见，只有不断汲取传统文化中的核心价值与思想精华，探索符合时代情境的表达方式，方能使之形成与革命文化、社会主义先进文化互相浚通的活水，共同滋养高等教育，释放出中华优秀传统文化的育人价值。

其次，应充分挖掘中华优秀传统文化中的育人资源。不忘本来才能开辟未来，善于继承才能更好创新。中华优秀传统文化中蕴含着丰富的育人资源，是中华民族创造的精神财富，发挥着以文化人、以文育人的作用。探索发挥这一作用，高等院校责无旁贷，具有不可取代的优势。一方面，通过将前沿学科技术作为挖掘育人资源的重要方法，为探源中华文

拓展阅读

明提供坚实的分析依据，为拓展中华文明史认知奠定基础。例如，近年来北京大学全面实施中华优秀传统文化传承发展工程，秉承"阐旧邦以辅新命"的使命，全面推进建筑考古、专门考古、博物馆学等新兴学科建设。其中，北京大学考古文博学院与四川省文物考古研究院等单位合作发掘的四川稻城皮洛遗址、四川广汉三星堆遗址祭祀区两个项目还入选了"2021年度全国十大考古新发现"。基于人文科学和自然科学的多学科协同，利用现代科技手段加强古籍典藏的保护修复，通过学术资源信息库加强文献的整合拓展，在探究中华文明的发展图景和精神特质的同时，也推动了古籍典藏中的人文精神与价值理念在青年一代中普及。另一方面，应利用中华文明探源工程成果，完整准确地讲述中国古代历史，发挥以史育人作用。例如，浙江大学持续推进中华优秀传统文化的研究整理和诠释传播，形成了《中国历代绘画大系》《中华礼藏》等一系列具有重要文化传承价值的成果，为理解中国文化历史留存了珍贵的育人资源。包括上述成果在内的大学研究，让青年一代更加深刻地感知到中华优秀传统文化为什么是我们在世界文化激荡中站稳脚跟的根基，为青年一代认识中华文明多元一体格局、了解中华优秀传统文化的历史脉络与价值特色、增强文化自信，发挥着不可替代的作用。

> **拓展阅读**

再次，应在交流交融中激发传统文化新的生命力。文明交流互鉴，是推动人类文明进步和世界和平发展的重要动力，源远流长、开放包容的中华文明，又在文明互鉴中发挥着价值范导作用。继续推进中华优秀传统文化的国际传播、价值提炼与代际传承，机会在青年手中，责任在青年肩头。因此，应当注重从跨文化视角讲好中华优秀传统文化故事。中国高校应以中华优秀传统文化为文化根基，立足世界百年未有之大变局，从跨文化视角加强理论创新和方法创新，提升原创性研究产出，构建中华优秀传统文化叙事体系，由此强化中国特色话语传播效能，让世界读懂中国。此外，应注重开发与传播蕴含中国精神的价值符号。提炼中华民族独特的精神标识，生产推出具有时代性的文化产品。在前述上海交通大学服务冬奥传播的例子中，学校参与研发了多语种全球传播服务平台，利用跨模态检索技术，实现了从文本到图片、图片到文本、视频到图片等高效检索，将宏大主题与小故事、微语言结合，利用人工智能、虚拟现实等技术进一步丰富文化传播载体，实现了共情、共境、共融。这些文化产品在传承和展示中华文明优秀成果上，往往有四两拨千斤的作用；其中蕴含的中华优秀传统文化也能不断涵化青年群体，为广大青年树立正确世界观、人生观、价值观提供思想文化滋养。

推进文化自信自强

沈壮海

文化兴则国运兴，文化强则民族强。新时代，我国文化建设在正本清源、守正创新中取得历史性成就、发生历史性变革。习近平总书记在党的二十大报告中，深刻阐明了文化在新时代新征程中的地位作用，明确了"推进文化自信自强，铸就社会主义文化新辉煌"的重大任务。新时代新征程，我们要全面贯彻习近平新时代中国特色社会主义思想，坚持中国特色社会主义文化发展道路，为新时代坚持和发展中国特色社会主义、开创党和国家事业全新局面提供强大正能量。

把文化建设提升到一个新的历史高度

中国特色社会主义是全面发展、全面进步的伟大事业，没有社会主义文化繁荣发展，就没有社会主义现代化。党的十八大以来，以习近平同志为核心的党中央把文化建设提升到一个新的历史高度，以高度的文化自觉和文化自信全面推进文化建设的理论创新、制度创新和实践创新，以中华文化繁荣兴盛为全面推进中华民族伟大复兴提供更为主动、更为强大的精神力量。

取得重大理论成果。一个民族要走在时代前列，一刻不能没有理论思维，一刻不能没有正确思想指引。新时代十年，我们自觉用习近平新时代中国特色社会主义思想统领文化建设，更好构筑中国精神、中国价值、中国力量。在世界百年未有之大变局与中华民族伟大复兴战略全局交织交融的时代背景下，习近平总书记将文化建设放在我国和世界发展的大历史、大趋势中来审视，准确把握我国文化发展面对的时代之呼、人民之需，深刻论述了推动中国特色社会主义文化繁荣发展的指导思想、本质要求、使命任务、战略关键、根本原则，提出一系列新理念新思想新战略，取得重大理论成果，有力引领了新时代社会主义文化强国建设。

取得重大制度成果。新时代十年，我们党把制度建设摆到更加突出的位置，推动各方面制度更加成熟更加定型。在文化领域，我们党坚持马克思主义在意识形态领域指导地位的根本制度，在繁荣发展社会主义先进文化上建立健全重要制度、具体制度，在进一步健全人民文化权益保障制度、完善坚持正确导向的舆论引导工作机制等方面作出重大部署，进一步建立健全了把社会效益放在首位、社会效益和经济效益相统一的文化创作生产体制机制……这些重大制度成果为文化繁荣兴盛提供了坚强有力的制度保障。

取得重大实践成果。新时代十年，我们党两次召开全国宣传思想工作会议，召开文艺工作座谈会、党的新闻舆论工作座谈会、网络安全和信息化工作座谈会、哲学社会科学工作座谈会、全国高校思想政治工作会议，就一系列根本性问题阐明原则立场、指明奋进方向。文化事业不断壮大，公共文化服务体系日益完善；文化与科技融合不断深化，文化数字化战略不断推进，新型文化业态发展势头强劲；文化产业迅速发展，文化市场竞争力不断提升；中华优秀传统文化实现创造性转化、创新性发展，更好融入日常生活、走进人民大众，成为人们追求美好生活的重要滋养。

文化自信更加坚定

文化自信是一个国家、一个民族发展中最基本、最深沉、最持久的力量。新时代文化建设取得的历史性成就、发生的历史性变革，是新时代十年伟大变革的重要组成部分，不仅展现着时代的风华，更极大增强了我们的文化自信。

意识形态领域形势发生全局性、根本性转变。意识形态工作是为国家立心、为民族立魂的工作。党的十八大以来，我们党着力解决意识形态领域党的领导弱化问题，立破并举、激浊扬清，就意识形态领域许多方向性、战略性问题作出部署，确立和坚持马克思主义在意识形态领域指导地位的根本制度，加强价值引领、强化理论武装，礼赞英雄楷模、厚植理想信念，依法管网治网、净化舆论环境，创新文明实践、培育时代新人，社会主义意识形态的凝聚力、引领力在正本清源、守正创新中显著增强。

高品质精神食粮更加丰富。满足人民过上美好生活的新期待，必须为人民提供丰富的精神食粮。新时代十年，文化建设坚持"二为"方向、"双百"方针，坚持以人民为中心，创作推出了电影《我和我的祖国》《长津湖》、电视剧《觉醒年代》《山海情》等一批叫好又叫座的"中国大片"。文化惠民工程深入实施，城乡公共文化服务体系一体建设持续推进。2021年末，全国广播、电视节目综合人口覆盖率分别达到99.5%和99.7%。截至2022年6月，全国94%的县（市、区）建成文化馆总分馆制、93%的县（市、区）建成图书馆总分馆制。全国所有公共图书馆、文化馆（站）、美术馆和91%的博物馆均实行免费开放。收藏在禁宫里的文物、陈列在广阔大地上的遗产、书写在古籍里的文字在满足人民美好生活需要的过程中越来越多地"活起来"。

人民精神力量得到极大提振。更好构筑中国精神、中国价值、中国力量，为人民提供精神指引，是文化建设的重要责任和神圣使命。庆祝中国人民解放军建军90周年、改革开放40周年，隆重纪念中国人民抗日战争暨世界反法西斯战争胜利70周年、中国人民志愿军抗美援朝出国作战70周年等一系列重大活动的举办，有力彰显党心民心、国威军威，在全社会唱响了主旋律、弘扬了正能量。在社会主义先进文化、革命文化、中华优秀传统文化的感召和浸润中，全党全国各族人民文化自信明显增强、精神面貌更加奋发昂扬，全社会凝聚力和向心力极大提升，焕发出更为强烈的历史自觉和历史主动精神，为新时代开创党和国家事业发展新局面提供了坚强思想保证和强大精神力量。

国家文化软实力、中华文化影响力显著提升。我们全面推进中国特色大国外交，推动构建人类命运共同体，倡导弘扬全人类共同价值，在全球引起广泛共鸣，产生深远影响。《习近平谈治国理政》已出版4卷、37个语种版本，发行覆盖全球170多个国家和地区，成为国际社会了解中国、读懂中国的重要思想之窗。我们不断加强对外文化交流和多层次文明对话，积极构建多主体、立体化大外宣格局，推动文化交流互鉴，促进民心相通相融，积极向世界讲好中国故事、传播好中国声音，我国国际话语权和影响力显著提升，可信可爱可敬的中国形象更加鲜亮。

不断拓展中国特色社会主义文化发展道路

新时代十年文化建设的非凡成就，进一步拓展了中国特色社会主义文化发展道路，推动社会主义文化强国建设站在了新的历史起点上。面向未来，我们要推进文化自信自强，在全面建设社会主义现代化国家新征程中铸就社会主义文化新辉煌。

始终坚持党对文化建设的全面领导。中国共产党领导是中国特色社会主义最本质的特征，是中国特色社会主义制度的最大优势。坚持党的全面领导是中国特色社会主义文化繁荣发展的根本保证。在以中国式现代化全面推进中华民族伟大复兴的历史进程中，我们要全面贯彻习近平新时代中国特色社会主义思想，坚持党的全面领导，坚持中国特色社会主义文化发展道路，紧紧围绕举旗帜、聚民心、育新人、兴文化、展形象，自信自强地推进社会主义文化强国建设的崭新实践，书写社会主义文化强国建设的崭新篇章。

始终坚持以人民为中心的发展思想。习近平总书记指出:"只有坚持以人民为中心的发展思想,坚持发展为了人民、发展依靠人民、发展成果由人民共享,才会有正确的发展观、现代化观。"中国特色社会主义文化建设,因人民而兴,也为人民而兴。我们要始终牢记江山就是人民、人民就是江山,坚持文化为人民服务、为社会主义服务的根本方向,创新实施文化惠民工程,有效保障人民文化权益,努力创造和提供更多既能满足人民文化需求,又能增强人民精神力量的优秀精神文化产品。

始终坚持激发全民族文化创新创造活力。文明永续发展,既需要薪火相传、代代守护,更需要顺时应势、推陈出新。铸就社会主义文化新辉煌,归根到底靠创新创造。我们要坚持把马克思主义基本原理同中国具体实际相结合、同中华优秀传统文化相结合,坚持运用辩证唯物主义和历史唯物主义,紧跟时代步伐,顺应实践发展,以满腔热忱对待一切新生事物,探索实施创新驱动发展战略在文化领域的具体路径,不断深化文化体制机制改革创新,不断激发全民族文化创新创造活力,让一切文化创造源泉充分涌流,为铸就社会主义文化新辉煌提供不竭的创新动能。

《人民日报》2022年12月2日第9版

> 拓展阅读

传承弘扬中华优秀传统文化

牛家儒　张佑嘉

中华优秀传统文化积淀着中华民族最深沉的精神追求，代表着中华民族独特的精神标识，是中华民族生生不息、发展壮大的丰厚滋养，是中国特色社会主义植根的文化沃土，是我们在世界文化激荡中站稳脚跟的根基。习近平总书记在中共中央政治局第三十九次集体学习时强调："我们坚持把马克思主义基本原理同中国具体实际相结合、同中华优秀传统文化相结合，不断推动马克思主义中国化时代化，推进了中华优秀传统文化创造性转化、创新性发展。要坚持守正创新，推动中华优秀传统文化同社会主义社会相适应，展示中华民族的独特精神标识，更好构筑中国精神、中国价值、中国力量。"新的时代条件下，我们要传承弘扬好中华优秀传统文化，深入挖掘其中的价值内涵，进一步激发中华优秀传统文化的生机与活力，为中华民族伟大复兴筑牢深厚文化根基、提供强大精神力量。

> **拓展阅读**

中华优秀传统文化是中华文明的智慧结晶和精华所在

中华优秀传统文化是中华民族的根和魂，是中华文明的智慧结晶和精华所在，是我们最深厚的文化软实力，是我国的独特优势。文运同国运相牵，文脉同国脉相连。我们只有更深刻地理解中华优秀传统文化的当代价值和时代意蕴，才能更好构筑中国精神、中国价值、中国力量，不断铸就中华文化新辉煌。

中华优秀传统文化是中华民族的突出优势。在5000多年文明发展中孕育的中华优秀传统文化，积淀着中华民族最深沉的精神追求，代表着中华民族独特的精神标识。中华优秀传统文化中蕴含的核心思想理念、中华传统美德和中华人文精神，是中华民族生生不息、发展壮大的丰厚滋养。中国共产党是中华优秀传统文化的忠实继承者、弘扬者和建设者，在领导人民进行革命、建设、改革的伟大实践中，自觉肩负起传承发展中华优秀传统文化的历史责任。特别是党的十八大以来，习近平总书记亲自谋划、指导和推动中华优秀传统文化创造性转化和创新性发展，坚持把马克思主义基本原理同中国具体实际相结合、同中华优秀传统文化相结合，把对中华优秀传统文化地位作用的认识提升到一个新的高

> **拓展阅读**

度，丰富和发展了马克思主义文化建设理论，中华优秀传统文化传承发展取得了突破性进展和历史性成就，中华文脉在赓续传承中弘扬光大。

中华优秀传统文化是坚定文化自信的强大底气。文化自信是更基础、更广泛、更深厚的自信。历史和现实表明，一个国家和民族要自立自强，首先在文化上要自觉自信。"源浚者流长，根深者叶茂"，一个民族文化的形成，是一个不断积累沉淀、世代传承发展的过程，中华文化源远流长、灿烂辉煌，其在长期发展中形成的独一无二的理念、智慧、气度、神韵，增添了中国人民和中华民族内心深处的自信和自豪。中华文明是世界上唯一没有中断、发展至今的文明，靠的就是中华文化塑造的民族精神气质和文化自信。我们有坚定的道路自信、理论自信、制度自信，其本质是建立在5000多年文明传承基础上的文化自信。进入新时代，以习近平同志为核心的党中央把文化自信和道路自信、理论自信、制度自信并列为中国特色社会主义的"四个自信"。在抗击新冠肺炎疫情的斗争中，14亿多中国人民风雨同舟、守望相助，共同铸就了团结一心、众志成城的强大精神防线，彰显了中华文化具有的强大精神动力和中国人民坚定的文化自信。

中华优秀传统文化对促进人类文明进步发挥着重要作

怎样弘扬中华优秀传统文化

> **拓展阅读**
>
> 用。习近平总书记深刻把握人类社会历史经验和发展规律，汲取中华优秀传统文化的思想智慧，创造性地提出推动构建人类命运共同体的重大倡议，而中华文明自古就以开放包容闻名于世，在同其他文明的交流互鉴中不断焕发新的生命力。中华优秀传统文化蕴涵着和平、发展、公平、正义、民主、自由的全人类共同价值，"远人不服，则修文德以来之"，以理服人、以文服人、以德服人，是中华文化的生命禀赋和生存耐性。进入新时代，习近平总书记深刻揭示了中华优秀传统文化与当代文化、世界文化之间的关系，阐述了中华优秀传统文化在构建人类命运共同体中的纽带作用和认同功能，指出要使中华民族最基本的文化基因与当代文化相适应、与现代社会相协调，把跨越时空、超越国界、富有永恒魅力、具有当代价值的文化精神弘扬起来。中华文化走出去步伐不断加大，56处世界遗产向世人展示全面真实的古代中国和现代中国，中华文化在国际上的亲和力、感召力不断提升。
>
> **高质量推动中华优秀传统文化创造性转化、创新性发展**
>
> 不忘本来才能开辟未来，善于继承才能更好创新。新的

> **拓展阅读**

时代条件下传承弘扬好中华优秀传统文化，要本着科学的态度，坚持古为今用、洋为中用，辩证取舍、推陈出新，高质量推动中华优秀传统文化创造性转化、创新性发展。

利用好中华文明探源工程成果弘扬中华优秀传统文化。中华文明探源工程等重大工程的研究成果，实证了我国百万年的人类史、一万年的文化史、五千多年的文明史，展现了中华文明的起源和发展历程。要利用好中华文明探源工程成果和历史研究成果，完善我国古代历史部分内容，完整准确讲述古代历史。加强中华文明探源工程成果的宣传、推广和转化，教育引导广大干部群众特别是青少年认识中华文明的起源和发展脉络，认识中华优秀传统文化的灿烂成就，阐释中华文化的历史渊源、发展脉络、基本走向，讲清楚中华文明多元一体的形成和发展过程，发挥以史育人、以文化人的作用。

推进文物保护利用和文化遗产保护传承。习近平总书记强调，文物和文化遗产承载着中华民族的基因和血脉，是不可再生、不可替代的中华优秀文明资源。要坚持依法科学保护，健全文物和文化遗产保护体系；加强文物和文化遗产多重价值的挖掘阐释和传播利用，让文物和文化遗产都活起来；支持文博单位强化基本公共文化服务功能，盘活用好文物和

拓展阅读

文化遗产资源；支持社会力量依法依规合理利用文物和文化遗产资源，调动社会力量参与的积极性，开发和传播更多承载中华文化的文化产品与服务。结合新的时代条件，把文物和文化遗产蕴含的中华优秀传统文化内涵更多地融入生产生活各方面。

推动中华优秀传统文化的数字化保护、传播、转化和创新。依托国家文化数字化战略，实施"互联网＋中华文明"行动计划，要善于运用数字技术，提取具有历史传承价值的中华文化元素、符号和标识，加快建设中华民族文化基因库，用于文化基因的当代表达与传承，推动历史文化认同。充分利用新一代信息技术，搭建线上线下结合的文化体验环境，加强文化展示利用方式融合创新和文化遗产数字化保护，丰富优秀传统文化的时代表达和艺术化呈现。顺应文化消费新形势，鼓励文化机构、社会力量利用中华文化资源数据库和文化数据服务平台，深入挖掘中华优秀传统文化素材，提高内容创作生产的文化内涵，扩大数字文化产品和服务供给。

弘扬中华优秀传统文化蕴含的全人类共同价值。习近平总书记指出，文明因多样而交流，因交流而互鉴，因互鉴而发展。要紧抓世界各国日益关注中国发展、希望了解中华文

> **拓展阅读**

化的历史性机遇，加强文明交流互鉴，把中华优秀传统文化中具有当代价值、世界意义的文化精髓提炼出来，把继承传统优秀文化又弘扬时代精神、立足本国又面向世界的当代中国文化创新成果传播出去，充分展示中华优秀传统文化蕴含的全人类共同价值，讲清楚中华优秀传统文化中蕴含的中国人的宇宙观、天下观、社会观、道德观，通过对外宣传、交流研讨等多种方式展示中华文明探源工程成果和中华文化魅力，不断增强中华优秀传统文化的生命力和影响力。

20

深刻领悟"中华文化和中国精神的时代精华"

商志晓

习近平新时代中国特色社会主义思想是"中华文化和中国精神的时代精华",是《中共中央关于党的百年奋斗重大成就和历史经验的决议》(以下简称《决议》)作出的重要论断,深刻揭示了习近平新时代中国特色社会主义思想与中华文化和中国精神的本质联系,联结贯通了中华文化和中国精神与当代中国马克思主义、21世纪马克思主义的内在逻辑,给予我们通达历史、远眺未来的宏阔思维,开拓了我们思接千载、视通万里的宽广境界。

深刻汲取中华优秀传统文化的思想精髓，大力弘扬革命文化和社会主义先进文化，植根于中华文化的深厚沃土

中华文化源远流长，博大精深，蕴含着中华民族和中国人民在5000多年历史传承中积淀形成的丰富思想智慧，联结着在华夏大地上从古至今绵延承续的中华优秀传统文化与我们党领导人民在革命、建设和改革中创造的革命文化和社会主义先进文化。中华传统文化历经渊源与发轫（三代文化）、开创与奠基（先秦诸子）、综合与成型（两汉经学）、融合与新变（魏晋玄学）、冲突与共融（隋唐佛学）、合流与内化（宋明理学）、集成与沉淀（清代朴学）、变革与转型（近代新学）等历史演化，在修身养性、道德教化、伦理规范、人际关系、社会秩序、哲学思维、认识方法、行为准则等方面，形成了一系列基本理念和人文精神，深刻作用于社会的稳定发展与人民大众的日常生活。近代以来，中华传统文化在与马克思主义相遇并开启融通结合之旅后，其积极因素和优秀内容在新的历史条件下得以不断改造与创新。激昂向上的革命文化和生机勃勃的社会主义先进文化，是中华优秀传统文化的凝聚升华，是激励全党全国各族人民奋勇前进的强大精神力量。中华优秀传统文化、革命文化和社会主义先进文化，积淀着中华民族最深层的精神追求，代表着中华民族独特的精神标识。

党的十八大以来，以习近平同志为核心的党中央不断推进马克思主义中国化时代化，加强思想理论建设和文化创新发展，凸显中华文化"民族基因""文化血脉""精神力量"定位，推进中华优秀传统文化创造性转化创新性发展，将传承弘扬中华文化提升到新高

度。"没有中华文化繁荣兴盛，就没有中华民族伟大复兴。"习近平总书记指出，发展中国特色社会主义文化，必须"坚守中华文化立场""深入挖掘中华优秀传统文化蕴含的思想观念、人文精神、道德规范，结合时代要求继承创新"，唯有如此，才能"不断铸就中华文化新辉煌""让中华文化展现出永久魅力和时代风采"。全党全社会不断完善工作机制、创新工作方法，全方位多领域开拓中华文化传承弘扬途径，在思想提炼、精神传承、品德塑造以及资源开掘、文物保护、经典咏颂等方面展现出全新风格与面貌，营造出以文明理、以文增信、以文化人的优良风尚与浓厚氛围，中华文化的魅力与影响在新时代发扬光大。

习近平新时代中国特色社会主义思想创立于新时代中国特色社会主义伟大实践之中，既涵盖当代中国加强文化建设、传承弘扬中华文化、推进中华优秀传统文化创造性转化创新性发展的丰富内容，更在整体架构、科学体系以及观点论述、理论阐发中，浸润着并展现出对中华优秀传统文化思想精髓的深刻汲取，对革命文化和社会主义先进文化的自觉弘扬。一方面，习近平新时代中国特色社会主义思想对中华优秀传统文化、革命文化和社会主义先进文化的基础内容、精髓要义、内在本质予以系统总结，对其演进路径、基本逻辑、发展规律予以科学提炼，对其传承方法、弘扬进路、当代要求予以准确阐发，对其历史地位、当代价值、世界影响予以深刻揭示；另一方面，习近平新时代中国特色社会主义思想就新时代坚持和发展什么样的中国特色社会主义、怎样坚持和发展中国特色社会主义，建设什么样的社会主义现代化强国、怎样建设社会主义现代化强国，建设什么样的长期执政的马克思主义政党、怎样建设长期执政的马克思主义政党等重大时代课题，进行深邃思考并作出科学判断，提出和阐发一系列原创性治国理政新理念新思想新战略，带有鲜明的中华文化印记。如用"大道之行，天下为公"联通人类命运共同体，以"自知者英，自胜者雄"阐明自我革命等。可以说，习近平新时代中国特色社会主义思想回望历史、立足当代、远观未来，深刻汲取中华文化理念智慧，其宏阔性视野联通着中华文化的历史赓续，其创新性思维深植于中华文化的丰厚沃土。

深刻反映中华民族自古以来的梦想和追求，凝结着中国人民独特的精神气韵，展现出中国精神的鲜明特征与优秀品质

博大精深的中华文化既体现了中华民族的理念思维和历史传统，又是深植于中国人民认知方式、心理体验、气质禀赋之中的意志品质和主体特征，其核心和精髓在长期历史发展进程中凝结为中国精神。中国精神与中华文化密切相关，中国精神是中华文化的精粹，中华文化是中国精神的根基。中国精神源自各个历史时期、发展阶段以及某一具体实践过程所迸发出来的精神力量，联通具有代表性、典型性和独特性的地域、事件、团体与人物所创造的精神成果，汇聚成一个标示崇高、呈现榜样力量的精神世界，记载着中华民族刻入筋骨的精神特质，彰显着中国人民昂扬奋进的精神风貌。

中国共产党历来高度重视中国精神的塑造与弘扬，党的十八大以来，尤为自觉、珍重并予以进一步科学谋划、整体构架，开展更为扎实有效、更加深入细致的凝练与宣传工作。习近平总书记指出：

"中华文明源远流长，蕴育了中华民族的宝贵精神品格，培育了中国人民的崇高价值追求。""实现中国梦必须弘扬中国精神。"对内涵丰富、形态多样的中国精神予以概括总结和提振统筹，习近平总书记为我们指明正确原则、科学方法和深邃视野。一是坚持中国精神的内涵是以爱国主义为核心的民族精神和以改革创新为核心的时代精神，强调"爱国主义始终是把中华民族坚强团结在一起的精神力量，改革创新始终是鞭策我们在改革开放中与时俱进的精神力量"，赋予其历史纵深与现实凸显之特性，展现出大历史观的宏阔思维；二是把中国人民在长期奋斗中培育、继承、发展起来的伟大民族精神，归结为伟大创造精神、伟大奋斗精神、伟大团结精神、伟大梦想精神，揭示伟大民族精神"为中国发展和人类文明进步提供了强大精神动力"；三是提炼阐发以"坚持真理、坚守理想，践行初心、担当使命，不怕牺牲、英勇斗争，对党忠诚、不负人民"为内涵的伟大建党精神，并大力弘扬以伟大建党精神为源头的中国共产党人精神谱系。

习近平新时代中国特色社会主义思想牢牢把握中华民族自古以来的梦想和追求，牢牢把握中国精神的内在律动和发展轨迹，从全面建设社会主义现代化国家、实现中华民族伟大复兴的时代任务出发，充分彰显和发扬光大中国精神，使中国精神得到充沛饱满、浓墨重彩的提炼与升华。一方面，习近平新时代中国特色社会主义思想广泛吸纳中华民族的精神成果，广泛吸纳中国人民的精神创造，使之融会于新时代党的创新理论成果之中，使之与新时代中国特色社会主义的精神需要与思想建设紧密相连。例如，坚持爱国主义与社会主义相统一，立足于尊重和传承，从维护祖国统一和民族团结出发，弘扬丰富在中华民族5000多年发展进程中处于基调和主旋律地位的爱国主义精神；用"和平合作、开放包容、互学互鉴、互利共赢"的丝绸之路精神，赋予古代丝绸之路全新的时代内涵，助力"一带一路"倡议实施落地。另一方面，习近平新时代中国特色社会主义思想对当代中国的实践追求予以理论阐释，将人民对美好生活的向往予以思想升华，不断充实丰富中国精神的时代内容。在这方面，既有对新时代伟大实践进行总结概括而形成的伟大抗疫精神、脱贫攻坚精神，更有聚焦于实现中华民族伟大复兴主题，通过凝聚共识、汇集力量、构筑华夏儿女统一意志而形成的具有磅礴气势的中国精神、中国力量。可见，习近平新时代中国特色社会主义思想不仅标注出中国精神的鲜明特征，展示出中国精神的优秀品质，同时凸显了中华民族之精神气韵的现实内涵与当代魅力，赋予中国人民的精神世界崭新要素与时代风采。

在新的历史条件下推进马克思主义基本原理同中国具体实际相结合、同中华优秀传统文化相结合，成为中华文化和中国精神的时代表达

在庆祝中国共产党成立100周年大会上，习近平总书记指出，"以史为鉴、开创未来，必须继续推进马克思主义中国化"，"坚持把马克思主义基本原理同中国具体实际相结合、同中华优秀传统文化相结合"。中国共产党在马克思列宁主义同中国工人运动紧密结合中应运而生，是马克思主义基本原理同中国具体实际相结合、同中华

优秀传统文化相结合的倡导者、实践者、推动者。实践在发展深化中，认识也在发展深化中。党对马克思主义基本原理同中国具体实际相结合的统一认识和自觉行动，历经了一个阶段的探索，甚至付出了沉重代价；党对马克思主义基本原理同中华优秀传统文化相结合的高度重视和大力推动，历经了长时期的探索总结，也曾受制于主客观条件而走过弯路。党的十八大以来，以习近平同志为核心的党中央秉承我们党的一贯理念和正确原则，依托已经取得的成果和打下的基础，把马克思主义基本原理同中华优秀传统文化相结合提升至重要地位，拓展了马克思主义中国化的内涵，凸显了传承弘扬、创新创造中华优秀传统文化对于发展当代中国马克思主义、21世纪马克思主义，对于推进社会主义现代化、实现中华民族伟大复兴的必要性和重要性。

在新的历史条件下实现马克思主义基本原理同中华优秀传统文化相结合，是时代赋予当代中国共产党人的重大使命。担当起这项历史性责任，需要我们既坚守马克思主义立场观点方法，又着力从中华优秀传统文化中汲取思想养料、认识启迪与精神补给；既创新发展当代中国马克思主义、21世纪马克思主义，又系统阐释、准确凝练、科学提取中华文化和中国精神中蕴含的思想精华。习近平新时代中国特色社会主义思想立足于当代中国正在经历的我国历史上最为广泛而深刻的社会变革，立足于当代中国正在进行的人类历史上最为宏大而独特的实践创新，展现出伟大的历史主动精神、巨大的政治勇气、强烈的责任担当，深刻把握马克思主义基本原理同中华优秀传统文化相结合的时代要求和现实任务，深刻阐明其内在联结、融通要义和结合路径，着力用马克思主义立场观点方法指导和引领中华优秀传统文化的传承弘扬，着力用中华优秀传统文化中的思想观念、人文精神、道德规范服务于马克思主义的创新发展，使诞生于中华大地上的当代中国马克思主义、21世纪马克思主义从中华优秀传统文化中不断获取理念补充和原典支撑，使生于斯长于斯的中华优秀传统文化从马克思主义科学理论中不断得到方法指导和主题引领。

在新的历史起点上，以习近平同志为核心的党中央接续推进马克思主义基本原理同中国具体实际相结合、同中华优秀传统文化相结合。习近平新时代中国特色社会主义思想，承续民族历史血脉，阐扬中华文化精粹，彰显中国精神力量，使中华文化和中国精神尽显其源远流长、博大精深、当代价值与世界影响，成为中华文化和中国精神的时代表达。

《光明日报》2022年1月28日第11版

> 拓展阅读

搭建起传统文化与现代生活的桥梁

年　旭

故宫博物院 2022 年 8 月推出的《照见天地心——中国书房的意与象》展览引发热议。该展览择取书房文化作内容，以中国书房的意涵与物象为主题，结合当代艺术家作品，借助裸眼 3D、体感交互投影等技术，让观众沉浸式体验古代文人书房的文化魅力。

书房是中国古代传统文化的展现场所，是文人学士的个人"道场"，他们于书房笃学论说，自书房开启"修身、齐家、治国、平天下"的人生历程，因此常会为自己的书房赋予"轩、斋、庵、堂、庐"等雅号。书房也是古代政治决策空间之一，清代翰林学士就通过"入直书房"参与政务，常见"书房行走"之名。上至帝王，下至普通文人，其书房中的收藏、摆设、布局都具有重要的意义，是反映中国古代文人情怀与风骨的载体。

时至今日，书房文化作为中华优秀传统文化的一部分，依然在中国人的精神文化生活中占据重要地位，只要条件允

> **拓展阅读**

许，很多家庭都会为阅读书写或是其他兴趣爱好留下专门的空间。故宫的这一展览通过富有内涵又贴近日常的选题和新颖的展陈布置，在传统文化与现代生活之间搭建起了桥梁。

近年来，全国各地别出心裁的精品展览陈列层出不穷，"到博物馆看展览"成为备受年轻人青睐的生活方式和新的社会风尚。不仅如此，《唐宫夜宴》《国家宝藏》《如果国宝会说话》等一系列富有创意的文化节目与活动，同应时而变的博物馆等文化主体一起，助推传统文化成为社会关注的焦点。在全社会的合力作用下，中华优秀传统文化在新时代焕发了新的生机，一些曾经尘封在库房与书籍中的传统文化精华得以通过全新的方式走出历史、走进当下。党的二十大报告提出，要"推进文化自信自强，铸就社会主义文化新辉煌""坚守中华文化立场，提炼展示中华文明的精神标识和文化精髓"。中华优秀传统文化是社会主义文化植根的深厚沃土，是文化自信自强的基石。我们要进一步利用好中华优秀传统文化的宝藏，坚持创造性转化、创新性发展，不断激发传统文化的生命力，使之成为滋养民族精神的不竭源泉。

首先，应当深入把握中华优秀传统文化的精髓。创造性转化与创新性发展强调的是变化，但变化的前提是坚守中华

> **拓展阅读**

文化的内核与本质。只有从源头和深层次上认知把握传统文化，才能在转化与发展中真正展示出中华文明不同于其他文明的独特精神标识。例如，故宫2022年的开年展览《何以中国》，以意象化的表达引导观众追溯中华文明的起源与发展脉络，思考"中国何以成为今日之中国"的宏大命题，展览正是凭借对中华优秀传统文化精髓的深刻阐释获得了广泛好评。

其次，需要充分挖掘中华优秀传统文化的跨时代价值。传统文化在形成过程中产生了自身的时代特征，创造性转化就是要突破其原生时代的局限性，寻找其契合当代需求的超越时代的审美价值、思想价值、文化价值，古为今用，回应时代所需。例如，汉服等各类传统民族服饰正日益受到年轻人的追捧，在这股潮流中，服色纹样背后代表的阶层划分观念被摒弃，取而代之的是传统服饰文化与当代审美在样式、材质、图案等全方面的结合创新，为人们带来了新鲜的审美体验。

最后，还要注意贴近生活、服务大众。一些优秀传统文化虽然被人们所认可，但依然逐渐从我们的视野中淡出，根源就在于其与大众生活之间存在距离。这就需要在弘扬传统文化的过程中寻找拉近距离的切入点，通过巧妙的构思创新

> **拓展阅读**

展示方式,让传统文化走进并融入人们的日常生活。故宫《照见天地心》展览的创新之处不仅在于对现代技术手段的运用,其独特的主题策划,也促进了观众在潜移默化中自觉接受优秀传统文化的精神洗礼。

21

讲好中华优秀传统文化故事

李 薇

习近平总书记在主持中共中央政治局第三十九次集体学习时指出,"中华优秀传统文化是中华文明的智慧结晶和精华所在,是中华民族的根和魂,是我们在世界文化激荡中站稳脚跟的根基"。这一重要论述,为我们讲好中华优秀传统文化故事提供了根本遵循。文化是一个国家、一个民族的灵魂、内核和标识。千百年来,中华优秀传统文化创新发展、绵延不绝,为讲好中国故事、传播好中国声音提供了文化滋养与精神支撑。习近平总书记提出,中华优秀传统文化"蕴含的思想观念、人文精神、道德规范,不仅是我们中国人思想和精神的内核,对解决人类问题也有重要价值"。因此,讲好中华优秀传统文化故事,将中华文明的厚重展现给世界,是讲好中国故事的题中应有之义和源头活水工程,也是摆在我们宣传文化战线和对外传播工作者面前的一道必答题。

坚持以价值观为魂，通过融通古今中外的正确价值观引领讲好中华优秀传统文化故事。意识形态属性是历史文化的本质属性。"导向金不换"，用"润物细无声"的方法，通过引人入胜的方式启人入"道"，通过循循善诱的方式让人悟"道"，是讲好中华优秀传统文化故事的根本之策。

讲好中华优秀传统文化故事，首要的是坚持融通古今中外的正确价值观引领。习近平总书记指出："要把优秀传统文化的精神标识提炼出来、展示出来，把优秀传统文化中具有当代价值、世界意义的文化精髓提炼出来、展示出来。"他还用"讲仁爱、重民本、守诚信、崇正义、尚和合、求大同"概括了中华优秀传统文化中的精髓，这"18字"既与我们倡导的"富强、民主、文明、和谐，自由、平等、公正、法治，爱国、敬业、诚信、友善"的社会主义核心价值观内核高度一致，又与全人类共同价值相连接，做到了融通古今中外。只有在这样的正确价值观引领下讲好讲透中华优秀传统文化故事，中华民族的根和魂才会被当代人理解与传承，才能塑造更多为世界所接受的中华文化形象。

讲好中华优秀传统文化故事，还要用辩证的眼光、发展的思维看待传统文化。习近平总书记强调："我们要对传统文化进行科学分析，对有益的东西、好的东西予以继承和发扬，对负面的、不好的东西加以抵御和克服，取其精华、去其糟粕，而不能采取全盘接受或者全盘抛弃的绝对主义态度。"为此，我们要根据时代发展和社会进步的总要求，秉持客观、科学、礼敬的态度，对传统文化中"不合时宜"的部分进行"瘦身",对"精华"的部分加以提炼、重组、整合,在深入挖掘精神内核的基础上予以精准扬弃和创造性转化、创新性发展,积极寻求当代人类最需要的文化共识和共同价值。

坚持以形象化为基,通过新技术造就的全媒体故事形式与内容完美契合,推动讲好中华优秀传统文化故事。形象化使故事成为几千年国际传播史上通行的最具传播力的内容载体。历史上,故事先因结构严谨、语言场景化等形象化叙事特点而备受欢迎;后因声音、视频、动画等视听传播符号陆续诞生进而造就的全媒体故事形式被广为接受、深入人心。习近平总书记强调:"我们要把握国际传播领域移动化、社交化、可视化的趋势,在构建对外传播话语体系上下功夫,在乐于接受和易于理解上下功夫"。当前,大数据、云计算、人工智能、区块链等新一代信息技术蓬勃发展,为促成全时空、跨终端、超链接、可触控的沉浸式全媒体传播平台提供了技术支撑。因此,我们要着眼于呈现真实、立体、全面的形象化故事,大胆挖掘信息技术的潜力,使中华优秀传统文化故事的形式与内容完美契合,见人见事见情,让中外受众听得进、看了信、能共鸣。

在全媒体故事形式方面,要坚持形式为内容服务。一是要重视新技术造就的各类传播符号在全媒体故事文本中的不同功能,使各类传播符号各就各位,把形象还原方面的优势发挥出来,使承载中华优秀传统文化的全媒体故事达到最佳传播效果。以"海昏侯刘贺祭祀的一天"这个全媒体故事为例,如果只还原西汉祭祀音乐的形象,就使用音频;如果还要还原祭祀场景形象,就应该采用视频。二是要重视传统媒体承载的形式单一故事在多个渠道上可最终组合成全媒体形式的故事。例如，若要构建"海昏侯刘贺祭祀的一天"这个故事IP，可以先从生产短视频口述故事形态入手，逐渐覆盖图文、小说、网剧、电影等全媒体故事形态，最终组合实现全媒体故事IP，而非一种故事形态产品的重复传播。

在全媒体故事内容方面，要坚持原创为王。只有充分尊重中华优秀传统文化传播者的生产价值，构建完善的知识产权体系，才能使故事内容生产者潜心钻研，让饱含文化创新元素的优质内容成为传播链条上具有强大传播力的"爆点"，让中华优秀传统文化活起来、潮起来、火起来。只有故事内容大胆地拥抱VR、AR等构建元宇宙空间的技术，中华优秀传统文化传播者才可能获得更多全媒体故事的原创灵感，真正实现融通古今中外的沉浸式传播效果，进而引起受众共情。

坚持差异性为要，通过因人制宜、因地制宜、因时制宜最大限度满足受众需求落实讲好中华优秀传统文化故事。中华优秀传统文化故事能不能传播好，关键要看中外受众愿不愿听、想不想看、能不能懂，能否入脑入心，产生共鸣。习近平总书记指出，读者在哪里，受众在哪里，宣传报道的触角就要伸向哪里，宣传思想工作的着力点和落脚点就要放在哪里。因此，要根据不同目标受众的文化传统、价值取向、思维习惯，紧扣不同人群的关注点、兴趣点和共鸣点，因人制宜、因地制宜、因时制宜，最大限度满足国内外受众对中华优秀传统文化的不同需求，让更多受众感知到中华文明的厚重感、人情味和烟火气。

因人制宜，就是正视海外受众与国内受众所处的环境、社会和文化教育的差异，量身定制恰到好处的话语表述方式，使故事被听懂、被记住。重点是充分研究受众的日常用语、价值取向、思维习惯等，最大限度地精准定位、因应需求，开发个性化产品，开展特色化营销。在这方面，可以充分发挥视频网站垂直化探索和圈层化传播作用，把中华优秀传统文化故事推向不同偏好的圈层和更为细分的领域，提高到达率。

因地制宜，就是充分挖掘中国特色传统文化故事与各国地域特色文化的相似之处，进行类比传播。在表现形式方面，可将中华文化的经典艺术形式，如京剧、民乐、书法、国画、脸谱、功夫等，与国外说唱、动漫等流行方式相融合。在素材方面，可借助一些与国内外受众日常生活接近的元素。在传播者方面，争取使越来越多的当地普通人成为中华优秀传统文化故事的讲述者、代言人。在讲述话语方面，可把"自己讲"和"别人讲"结合起来，寻找与受众话语的共同点，以其乐于接受的方式、易于理解的语言进行表达。

因时制宜，就是加强监测、分析、研判，让中华优秀传统文化故事紧贴实时舆情动态与受众喜好变化，打造符合海内外受众口味的中国文化故事。这也就是习近平总书记强调的"从时度效着力，体现时度效要求"。例如，要充分尊重不同受众的接受时间习惯，国外受众一般节假日就是休闲时间，不会太关心严肃类话题，这个时段我们就适宜进行一些轻松的软故事传播。

《光明日报》2022年6月28日第6版

> 拓展阅读

坚持和而不同　促进社会和谐

王　立

中华文化崇尚和谐，中国"和"文化源远流长、内涵丰富。和而不同的社会观是中国"和"文化在社会领域的体现。我国古代思想家很早就提出了和同之辩的命题。西周末年的史伯提出"和实生物，同则不继"的思想，认为不同因素相互融合才能产生万物，如果简单把相同的东西叠加，不仅不能产生新的事物，还会使世界变得了无生机。《左传》记载了晏婴与齐侯的一段对话，从政治角度论及"和"与"同"的区别，认为君臣之间应当允许不同意见和看法，在彼此充分发表意见的基础上达成共识，这叫作"和"。在《论语》中，孔子进一步提出"君子和而不同，小人同而不和"，将和而不同的主张引申到人伦关系中。

和而不同的社会观是符合事物和社会关系发展规律的，蕴含着深刻的哲学和伦理智慧，因而成为中国人遵循的行为准则。这一社会观主张承认和尊重差异，在多样性中寻求统一，以达到"和"的目的。尊老爱幼、夫妻和睦、邻里

> **拓展阅读**

团结,谅解宽容、与人为善,这是人与人之间的"和";社会各阶层、各群体平等和谐,兼容而不冲突、协作而不对立、制衡而不掣肘、有序而不混乱,这是社会分工和社会内部的"和"。用我们今天的观点来看,"和"就是矛盾的双方在一定条件下达到统一而出现的状态。在这种状态下,人与人、人与社会、人与自然之间以及社会内部诸要素之间实现均衡、稳定、有序,相互依存,共生共荣。

在5000多年的文明发展中,中华民族一直追求和传承着和平、和睦、和谐的理念。以和为贵,与人为善,己所不欲、勿施于人等理念在中国代代相传,深深植根于中国人的精神中,体现在中国人的行为上。和而不同的社会观在很大程度上促进了人际关系和谐,发挥着尊重不同诉求、整合多重需求、协调化解矛盾等积极社会功能,因而在漫长历史发展中得到各个社会阶层普遍认同,具有强大的生命力。和而不同的事例在我国历史上很多见。例如,清代大臣张英劝诫家人礼让邻里,留下"六尺巷"的故事,体现出人际关系中以礼为先、以和为贵、以让为贤的行为风范;传统社会倡导的"无讼"理念,主张遇争谦让、息事避讼,尽量不通过打官司的方式解决纷争,彰显以和为贵的价值取向;明清时期州县和乡里设立申明亭和旌善亭,亭壁上书写善人善事、恶

> **拓展阅读**

人恶事，教化人们崇德向善、敦亲睦邻，以营造良好乡风、淳朴民风；等等。

中华优秀传统文化中的思想理念和价值观念，既随着时间推移和时代变迁而不断更新，又有其自身的连续性和稳定性。和而不同的社会观在新的时代条件下不断丰富和发展，表现出新的理论形态和实践样态。例如，和而不同的社会观倡导的求同存异、兼收并蓄、沟通协商等理念，为社会主义协商民主提供了丰厚文化滋养。习近平总书记强调："在中国社会主义制度下，有事好商量、众人的事情由众人商量，找到全社会意愿和要求的最大公约数，是人民民主的真谛。"在我国民主实践中，既强调选举民主的作用，又注重发挥协商民主的优势，人民通过广泛协商参与国家和社会事务，促进不同思想观点充分表达和深入交流，做到相互尊重、平等协商而不强加于人，遵循规则、有序协商而不各说各话，体谅包容、真诚协商而不偏激偏执，广泛凝聚了社会共识，促进了社会和谐稳定。

和而不同的社会观也是促进人类不同文明和谐发展、各国之间和平共处的智慧。当今世界，各国前途命运紧密相连，只有在尊重不同国家、不同文明的基础上平等交流、相互借鉴，才能共同发展、互利共赢。习近平总书记指出："世

> **拓展阅读**
>
> 界各国人民应该秉持'天下一家'理念，彼此理解、求同存异，共同为构建人类命运共同体而努力""要坚持对话而不对抗、拆墙而不筑墙、融合而不脱钩、包容而不排他，以公平正义为理念引领全球治理体系变革"。在尊重"不同"中寻求"共同"，在包容"不同"中谋求"大同"，这是对和而不同社会观的当代诠释，彰显着中国共产党为人类谋进步、为世界谋大同的智慧和担当，有助于凝聚共建和谐世界的最大公约数。

开创新时代科学文化建设的中国气派

张玉卓

习近平总书记在主持中央政治局第三十九次集体学习时指出："中华优秀传统文化是中华文明的智慧结晶和精华所在，是中华民族的根和魂，是我们在世界文化激荡中站稳脚跟的根基。"科学文化作为人类科技实践的精神化结晶，贯通古今中外博大精深的思想源泉，连接不同价值体系、思维方式和行为准则，是推动人类文明发展进步的强大动力。处于百年未有之大变局，探讨科学文化在当今世界大势、人类文明大局和中西文化交流格局中的位置，探求中国传统文化对当代世界的普遍意义，开展面向世界的文化对话，真正做到坚定文化自信，有力激发支撑民族复兴大业更基本、更深沉、更持久的力量意义重大。

坚定文化自信，推动科学文化创新发展

西方文明对于现代科学的诞生和发展有着深刻意义，其"普遍性"背后也隐含了"西方中心"的叙事逻辑，使得研究者们常常采用线性、单向度的理解模式开展科学文化研究，缺乏对文化自身整体性和复杂度的理解。形成对科学文化的整体观照，其理论框架必须更多地涵盖和包容文化的多样性。礼仪之大，故称夏；服章之美，谓之华，"华夏"更多体现的是"中华"作为一种文明体在世界历史上的意义。中华文化倡导"同天下之利"，主流精神是刚健有为、自强不息与和而不同，注重"不谋全局者不足以谋一域"的整体观，"牵一发而动全身"的系统观和"以人为本"的人本思想，以其探索天地之间奥秘更为深刻的哲学思辨和生命感悟，形成对科学文化的整体观照，为科技文明发展提供丰厚的滋养。

与此同时，当代科学文化从量变到质变的发展趋势，正在叩击"割裂还是融合"的"时代之问"。万物互联极大地推动学科、区域、国家的界面重塑，更为各种文化的连接提供桥梁。以一种时代的、世界的眼光审视社会系统连接、整合正在发生的革命性变化，就会注意到科学文化也将随之实现从量变到质变的飞跃。机械式、还原式的认识论已经不能够"包打天下"，需要以系统观、整体论的方法，全面认识科学文化的时代特征和发展走向。科学的联系是文化在动荡中建构的重要纽带。割裂还是融合？对世界至关重要，对中国尤其重要。

从千年时空看，人类社会以不断推进人的全面发展和自我解放构筑前行方向，科技对社会的改造和文明的塑造能力不断加强，并在以更快的加速度实现这种塑造。一旦科技的基础、引领性地位得以确立，科学文化的发展必然迎来新一轮的版本升级。依稀可见，当代科学文化的大潮，正一往无前地朝着向善、求真、为了人的全面发展的方向前进。每一位参与其中的科技工作者，都历史性地成为科学文化的创造者、力行者，以更加繁荣的文化创造，推动科技进步和科学文化向行业、部门、产业前所未有地融合，成就更加美好的未来。

在百年中国科学家精神的壮阔实践中汲取创新自信

政党、国家、民族的历史自信，展现在其"美美与共"的博大胸怀里。爱国主义是我们民族精神的核心，搭建了中华民族团结奋斗、自强不息的精神纽带。中国共产党人高举科学大旗，汇聚全民族科学救国的壮阔洪流，从自力更生、自主创新到自立自强，推动科学文化在中国不断焕发新的生机和活力。几十年前，竺可桢、茅以升、童第周、苏步青、梁思成等一大批学贯中西的优秀科学家在中华大地率先推动了以爱国主义为精神纽带的中西文明互鉴实践。中国特色自主创新道路从"追赶"走向"跨越"，展现了创新自信的生动实践。爱国、创新、求实、奉献、协同、育人的科学家精神进入中国共产党人精神谱系，历史总结了我们党团结带领广大科技工作者的百年奋斗、求索，树立了传承优秀传统文化、弘扬新时代科学文化的光辉典范。迎着科技革命的浪潮，随着科学文化日益走出

"经院"，在塑造社会文化新潮流中作用不断凸显，呼唤我们以更加坚定的文化自信和海纳百川的格局胸襟，面向世界、面向未来，增进对国际科技界的开放、信任、合作，在新的科学文化创造中展示与时俱进、革故鼎新的中国气派。

当好新时代科学文化发展的旗手和使者

科技工作者是推动科技进步、繁荣科学文化的拓荒者和开路人。肩负起这一时代洪流创造者的历史重任，必须要把握科学文化发展规律，与时俱进推进理论创新，尊重文明发展的复杂性，在正确历史观中把握科学文化前进规律，以整体观照、涵盖和包容多样。必须要做科学文化融入社会的力行者、传播者，使科学文化在开放社会的环境中真正融入人民生活和社会生产，让广大人民理解并掌握，真正形成科学思维方式，保持开放创新的文化发展活力，使科学文化成为有本之木，有源之水。必须要坚持开放胸怀和世界眼光，做国际民间科技文化交流的使者，秉承"以人为中心"的理念以及求真务实、协同开放、理性严谨等各国普遍认同的理念，让科学文化的创新发展在不同文明之间架起理解的桥梁，营造国际合作环境，展现中华民族以和邦国、兼济天下的胸怀和格局。

《光明日报》2022年9月21日第4版

> 拓展阅读

从中华优秀传统文化中汲取家庭教育的重要滋养

吴国龙

重视家庭教育是中华民族的优良传统,习近平总书记在会见第一届全国文明家庭代表时指出:"家庭是人生的第一个课堂,父母是孩子的第一任老师。孩子们从牙牙学语起就开始接受家教,有什么样的家教,就有什么样的人。家庭教育涉及很多方面,但最重要的是品德教育,是如何做人的教育。"2021年10月,《中华人民共和国家庭教育促进法》审议通过并于2022年1月1日起实施。这部法律的出台,是继"双减"政策之后,国家在教育改革领域的又一重要举措,将进一步保障未成年人身心全面、健康发展。中华优秀传统文化中蕴含着丰富的家庭教育思想,在以"养正"之学为核心,以家庭教育为载体的教育传统下,我们要更加重视中华优秀传统文化对于滋养现代家庭教育的重要作用。

家庭教育应强调"涵养正道"。习近平总书记指出:"'蒙以养正,圣功也。'就是说青少年教育最重要的是教给他

> **拓展阅读**

们正确的思想,引导他们走正路。""蒙以养正"出自《周易·蒙》卦,"养正"是中国古代教育的根本目的。"正",是一种价值取向、精神追求,它指向的是高尚的道德情操、深厚的文化底蕴和昂扬的进取精神。"养正",就是养正道、养正气。孟子讲"吾善养吾浩然之气"。无论是从个人层面"富贵不能淫,贫贱不能移,威武不能屈",还是从国家层面"先天下之忧而忧,后天下之乐而乐""天下兴亡,匹夫有责","养正之学"构筑了中国人的独特精神世界,升华了中华儿女优秀的道德品质,形成了强大的民族凝聚力。"养天地正气,法古今完人",培养一个正直、有德行的人仍然是我们当下家庭教育的根本目的。父母作为孩子的第一任老师,家庭作为孩子的第一间课堂,都有责任和义务在他们青春懵懂时,带他们走好人生第一步。也只有"扣好人生第一粒扣子",养正气,走正道,青少年才能在不断成长中坚定信念、勇挑重担、展现担当。

家庭教育应注重"人格教育优先"。在传统家国同构的社会模式下,家庭、家族教育是实现教育的重要途径。在几千年的传承中,家庭教育形成了一套行之有效的原则,如重视孝、仁、诚、勤等教育原则。"孝"是中华民族的传统美德。"百善孝为先",《孝经》讲:"不爱其亲而爱他人者,谓

拓展阅读

之悖德，不敬其亲而敬他人者，谓之悖礼。""仁"是中国传统文化的核心概念。《论语》记载，"苟志于仁矣，无恶也"。孟子提出"性善论"，主张"仁者爱人"，认为每个人的本性善良，要与人友善。宋代吕祖谦在《少仪外传》中讲："向善背恶，去彼取此，此幼学所当先也。"在他看来，保有自己的仁爱之心，追求善而背弃恶，是青少年成人的基础。"诚"是立身处世的根本。人无信不立。《中庸》讲"诚者，物之终始，不诚无物"。《纯正蒙求》中记载，司马光5岁的时候，剥不开一个青皮核桃，家人用热水帮他泡开，后面司马光的姐姐从外面进来，问是谁剥开的，司马光便说是自己剥开的。父亲听到后，斥责其说谎话。这件事情对司马光影响很大，"终身不敢妄语，待人惟以诚信为尚"。"勤"是处身居业的前提。《周易·乾》卦讲："天行健，君子以自强不息。"传统家庭教育重视培养子弟的勤劳作风。吕本中《童蒙训》认为"勤"是立身为善之本，是处身居业之先。"勤劳者，立身为善之本，不勤不劳，万事不举。"

"重在躬行，寓教于乐"是家庭教育的重要方法。言传身教，重在躬行。父母在日常生活中的言谈举止潜移默化地影响并塑造子女的人格。父母为人正直则子孙多慈孝。没有原则的爱是教育不出人才的，严慈相济是家庭教育中最难把

> **拓展阅读**

握的一点，其弊者常在于溺爱有余而威严不足。在中国古代教育家、《颜氏家训》的作者颜之推看来，人们之所以不能教育好子女，在于当其犯错误时，出于疼爱之心，不能及时训诫。颜之推自述幼年丧父，由其兄长辛苦抚养长大，但兄长疼爱有余而管教不足，因此沾染了一些不好的习惯，等到自己年长，习惯成自然，便很难改正。教育子女仅有严或光有爱都是不够的，一定要严慈相济，寓爱于教。当一个家庭中有多个子女时，如果父母不能做到公平，对子女的性格养成便会造成伤害。颜之推讲："人之爱子，罕亦能均；自古及今，此弊多矣。……有偏宠者，虽欲以厚之，更所以祸之。"春秋时期，共叔段为郑国国君郑庄公的同母弟，因其母武姜偏爱共叔段，共叔段便在母亲的帮助下谋划叛乱，最终被郑庄公击败而客死他国。其实，每个孩子都有其天赋和特长，"物之不齐，物之情也"，作为父母应当善于发现子女的特长，因材施教，不能因为自己的好恶而有所偏爱。寓教于乐，人文化成。青少年对社会和事物的认知尚处于懵懂的成长过程中，古人在教育孩童时，注重通过寓教于故事这种形象生动的形式来达到教育目的。宋代杨亿所著《杨文公家训》将孝悌忠信和礼义廉耻的思想通过故事的方式表达，使孩子明白其中的道理。当这些活泼生动的故事烙在孩童心中时，正直、

> **拓展阅读**

善良的德行便会成为一种自然而然的表露了。今天,我们的家庭教育也应该根据少年儿童的特点,遵循他们成长的规律,循循善诱、春风化雨,让孩子们在家庭成长中既有健康的身心,又有良好的品格,不断朝着悟道理、明事理的方向成长前进。

23

开辟中国特色社会主义文艺理论新境界

董耀鹏

2014年10月15日,习近平总书记在北京主持召开文艺工作座谈会,就文艺与时代、文艺与人民、文艺与生活、文艺与价值观、文艺与市场、文艺传承与创新、文艺创作与评论等重大理论和实践问题发表重要讲话,在全社会特别是文艺界产生热烈反响。讲话发表以来,我国文艺面貌焕然一新,文艺百花园呈现出万紫千红、欣欣向荣的生动景象。历经时间和实践检验的真理愈加滋味醇厚,愈加给人以坚定的信心、光辉的指引和强劲的动力。

科学理论是指引文艺前进的光辉旗帜。习近平总书记在文艺工作座谈会上的讲话深刻总结了新时代我国文艺工作面临的新机遇、新挑战、新要求，深刻回答了关乎社会主义文艺事业发展方向性、根本性、战略性的重大问题，深刻阐明了文艺工作的地位作用、使命任务、方向目标、原则要求、思路重点，是指导当代文艺发展的定盘星和指南针。讲话内涵丰富、逻辑严密、学理深厚，运用马克思主义立场、观点和方法，旁征博引、汲古通今，以非凡的理论勇气和强烈的使命担当，深刻回答了长久困扰文艺理论实践的普遍问题，科学破解了当代中国文艺发展遇到的特殊问题，充分体现了理论联系实际、实事求是、求真务实的马克思主义学风作风，彰显出无穷的思想魅力和强大的实践伟力。但凡一种理论，成熟完备且对实践保持长久的指导作用，无不善于继承前人成果并在实践中创新发展。一部党领导文艺的历史，也是马克思主义文艺理论中国化的历史。习近平总书记文艺工作座谈会重要讲话坚持马克思主义文艺理论基本原理同当代中国文艺实际相结合，充分汲取中华优秀传统文化和中华文论精髓，又特别强调创造性转化与创新性发展，是对毛泽东延安文艺座谈会讲话等马克思主义文艺理论中国化成果的继承和发展，开辟了中国特色社会主义文艺理论新境界。

"实现中华民族伟大复兴需要中华文化繁荣兴盛。"习近平总书记高度肯定文艺的地位作用，深刻阐明了当代中国文艺的现实逻辑和历史使命，为文艺工作明确了时代方位和奋斗目标。举精神之旗、立精神支柱、建精神家园，都离不开文艺。"文艺工作者要讲好中国故事、传播好中国声音、阐发中国精神、展现中国风貌。"在构建人类命运共同体的思想指引下，文艺坚守中华文化立场，瞩目人类共同命运，以更为深邃的视野、更为博大的胸怀、更为自信的态度，通古今之变，融中外之长，用情用力书写中国故事，以艺术的方式塑造更多为世界所认知的中华文化形象，在世界文学艺术领域鲜明确立中国气派、中国风范，为人类文明奉献独具魅力的色彩与旋律。文艺是给人以价值引导、精神引领、审美启迪的，艺术家自身的思想水平、业务水平、道德水平是根本。广大文艺工作者应把崇德尚艺作为毕生的功课，把艺术追求融入党和人民事业之中，以坚定的信仰追求、卓越的艺术创造，在道德和才情的交融、人品和艺品的统一中，奉献文质兼美的作品，在德艺双馨的不懈追求中，积极营造、维护天朗气清的行业风气和山清水秀的文艺生态，努力以高尚的道德操守、独特的人格魅力，引领社会风尚，赢得人民尊重和喜爱。

"创作是自己的中心任务，作品是自己的立身之本。"这是习近平总书记对文艺工作者的谆谆教导。衡量一个时代的文艺成就最终要看作品。推动文艺繁荣发展，最根本的是要创作生产出无愧于我们这个伟大民族、伟大时代的优秀作品。文艺工作者只有坚持以人民为中心的创作导向，积极响应时代的召唤，倾听生活的呼唤，不断增强"脚力、眼力、脑力、笔力"，摒弃浮躁，潜心创作、静心修身，把脚步迈向人民生产生活第一线，把目光投向人类精神世界最深处，把心、情、思沉到人民之中，以现实主义追求刻画人间百态，用浪漫主义情怀抒写追梦奋斗，在时代的滚滚激流中汲取诗情画意，在生活的柴米油盐里塑造典型形象，才能奉献思想精深、艺术精湛、制作精良的大作佳作，绘就伟大时代的美丽画卷，奏响催人奋进的黄钟大吕，展现奋斗奋进的精彩华章。

习近平总书记一针见血地指出了一个时期以来文艺领域存在的弊端和不良倾向，并强调，"同社会效益相比，经济效益是第二位的，当两个效益、两种价值发生矛盾时，经济效益要服从社会效益，市场价值要服从社会价值。"文艺批评是文艺创作的一面镜子、一剂良药。只有打磨好文艺评论这把"利器"，把好文艺评论的"方向盘"，运用历史的、人民的、艺术的、美学的观点评判和鉴赏作品，切实发挥文艺评论引导创作、推出精品、提高审美、引领风尚的重要作用，才能有效推动文艺健康发展。

东方风来满眼春。广大文艺工作者深入学习贯彻习近平总书记文艺工作座谈会重要讲话精神，强化理论武装，提高政治站位，与党同心同德，与时代同频共振，与人民同呼吸共命运心连心，自觉把讲话精神转化为繁荣文艺创作的实际行动，文化自信更加坚定、历史主动精神不断增强，在培根铸魂上展现新担当，在守正创新上实现新作为，在明德修身上焕发新风貌，源源不断地为实现中华民族伟大复兴中国梦提供强大的价值引导力、文化凝聚力、精神推动力。广大文艺工作者胸怀"国之大者"，围绕"五位一体"总体布局和"四个全面"战略布局，紧扣纪念中国人民抗日战争暨世界反法西斯战争胜利70周年、庆祝中国人民解放军建军90周年、庆祝改革开放40周年、庆祝中华人民共和国成立70周年、纪念中国人民志愿军抗美援朝出国作战70周年、庆祝中国共产党成立100周年等重大时间节点，投身扶贫脱贫、乡村振兴、北京冬奥等，自觉自强，创新创造，倾心创作、倾情奉献、倾力行动，为时代画像、为英雄立传、为人民放歌，有力弘扬了中国精神、凝聚了中国力量、展现了中国价值。

　　勇攀高峰凌云志，初心如磐向未来。历经百年风雨兼程，党领导中国人民进入新时代新征程。新的征程召唤新的伟大创造。广大文艺工作者要继续坚定不移地以习近平总书记关于文艺工作重要论述为指引，守正创新、锐意进取，书写生生不息的人民史诗，为实现文化强国目标、民族复兴伟业挥洒汗水、智慧和才情。

　　《光明日报》2022年10月12日第13版

拓展阅读

努力铸就新时代的文艺高峰

周由强

习近平总书记关于文艺工作的重要论述，是习近平新时代中国特色社会主义思想的重要组成部分，深刻回答了新时代我国文艺事业发展的一系列重大理论和实践问题。党的十八大以来，在习近平总书记关于文艺工作的重要论述指引下，我国广大文艺工作者与党同心同德、与时代同向同行，在人民为美好生活的向往奋斗中汲取力量与灵感，努力铸就新时代文艺高峰。

开辟马克思主义文艺理论新境界。习近平总书记关于文艺工作的重要论述，把马克思主义基本原理同中国具体实际相结合、同中华优秀传统文化相结合，在继承马克思主义文艺理论基本原理的基础上，创造性地提出一系列新思想新观点新论断，深刻阐明了文艺工作的地位作用、使命任务、方向目标、原则要求等，精辟分析了社会主义市场经济环境下文艺与政治、文艺与经济、文艺与人民、文艺与生活等富有新的时代特点的内在关系，既在思想内涵、精神实质、基本

> **拓展阅读**

原则等方面贯穿马克思主义立场、观点、方法，又深刻总结党领导百年文艺工作的基本经验和新时代文艺发展的崭新实践，把我们党领导文艺工作的认识提升到全新高度，赓续了以马克思主义为指导、符合中国国情和文化传统、高扬人民性的文艺发展方向和道路，实现了马克思主义文艺理论中国化新飞跃，开辟了马克思主义文艺理论新境界。

锚定以人民为中心的创作导向。"以人民为中心"是习近平总书记关于文艺工作重要论述的核心要义，也是繁荣发展社会主义文艺事业必须遵循的根本原则，具有十分丰富而深刻的内涵。"人民的需要是文艺存在的根本价值所在""文艺创作方法有一百条、一千条，但最根本、最关键、最牢靠的办法是扎根人民、扎根生活""文艺的一切创新，归根到底都直接或间接来源于人民""把人民作为文艺审美的鉴赏家和评判者"等一系列重要论断，展现了社会主义文艺最根本的价值追求，渗透到新时代文艺创作评论生产传播全过程。党的十八大以来，广大文艺工作者坚持以人民为中心的创作导向，把人民放在心中最高位置，创作了一批满足人民文化需求和增强人民精神力量的优秀作品。

发出描绘新时代恢宏气象的动员令。文化是民族的精神命脉，文艺是时代的号角。当代中国，江山壮丽，人民豪

> **拓展阅读**

迈,前程远大。时代为我国文艺繁荣发展提供了前所未有的广阔舞台。习近平总书记强调,广大文艺工作者要深刻把握民族复兴的时代主题,把人生追求、艺术生命同国家前途、民族命运、人民愿望紧密结合起来,以文弘业、以文培元、以文立心、以文铸魂,把文艺创造写到民族复兴的历史上、写在人民奋斗的征程中。党的十八大以来,广大文艺工作者积极投身社会主义文化强国建设,用自强不息、厚德载物的文化创造,展示中国文艺新气象,展现了一幅竞相描绘新时代恢宏气象的文艺斑斓图景。

展现当代中国文艺的世界胸怀。"中国人民历来具有深厚的天下情怀,当代中国文艺要把目光投向世界、投向人类。"习近平总书记关于文艺工作的重要论述,深刻揭示了世界文化在互鉴中发展、在交流中繁荣的客观规律,既强调中国精神是中国文艺的灵魂,又强调社会主义文艺的繁荣发展必须认真学习借鉴世界各国人民创造的优秀文艺成果。党的十八大以来,文艺工作者用情用力讲好中国故事,努力创作更多彰显中国审美旨趣、传播当代中国价值观念、反映全人类共同价值追求的优秀作品,向世界展现了可信、可爱、可敬的中国形象。

24

铸就社会主义文化新辉煌

韩 震

习近平总书记在党的二十大报告中提出,推进文化自信自强,铸就社会主义文化新辉煌。实现中华民族伟大复兴中国梦,全面建设社会主义现代化国家,文化强国是其中应有之义。

建设社会主义文化强国,需要我们坚持中国特色社会主义文化发展道路。我们必须走属于自己的文化发展之路,这就是说,不能跟在其他国家后边亦步亦趋,而是应该自信自强地举起新时代中国特色社会主义文化旗帜,为全面建设社会主义现代化国家凝心聚力,以富有活力的现代文化展示当代中国形象;同时,也不能故步自封,而是应该推动马克思主义基本原理同中华优秀传统文化相结合。无论是过去、现在还是将来,都要坚持发展面向现代化、面向世界、面向未来的,民族的科学的大众的社会主义文化。只有这样,才能反映中国式现代化的本质要求，激发我国文化创新创造活力。

建设社会主义文化强国，需要建设具有强大凝聚力和引领力的社会主义意识形态。这就要求我们坚持以马克思主义中国化时代化的最新成果引领文化发展的方向，以社会主义核心价值观为文化发展的导向，不断推动中华优秀传统文化创造性转化、创新性发展，在传承中华优秀传统文化、弘扬革命文化基础上，大力发展社会主义先进文化，不断丰富人民群众的文化生活，满足人民日益增长的精神文化需求。

建设社会主义文化强国，需要巩固壮大新时代的主流思想舆论。通过弘扬以伟大建党精神为源头的中国共产党人精神谱系，进行持续深入的社会主义核心价值观教育，让爱国主义、集体主义、社会主义教育深入人心。要大力实施公民道德建设工程，弘扬中华传统美德，促进人民道德水准和文明素养不断提升，提高全社会文明程度。

建设社会主义文化强国，需要加强对外文化交流和传播能力，不断提升国家文化软实力和中华文化影响力。我们应该提高中国文化形象的自塑能力，以中国在崭新的时代背景下不断发展、进步的客观事实为根据讲好中国故事，以世界能够听得懂的语言传播好中国声音，以理性包容的叙事方式展现当代中国可信、可爱、可敬的形象，不断加强与世界各国的文化交流、互动，在充分的交融互鉴中促进文明丰富发展。

哲学社会科学既包含文化的理论总结，也是文化不断发展的理论基础。作为一名社会科学工作者，应该潜心为人民做学问，为构建中国特色、中国风格、中国气派的学科体系、学术体系、话语体系贡献一份力量。实现中华民族伟大复兴中国梦，必须有自主的知识体系，中国文化应该在自主知识体系基础上得到系统阐释并发扬光大。这些都需要当代学人不懈努力、共同奋斗。

《光明日报》2022年10月23日第11版

> 拓展阅读

满足人民文化需求和增强人民精神力量相统一

田鹏颖

一个民族的崛起,首先是文化的觉醒;一个国家的富强,不能脱离精神的力量。

中共中央办公厅、国务院办公厅印发的《"十四五"文化发展规划》,对"十四五"时期我国文化建设提出总体要求,特别强调"以人民为中心,尊重人民主体地位,保障人民文化权益,把宣传、教育、引导和服务群众结合起来,鼓励人民参与文化创新创造、依法参与国家文化治理,做到文化发展为了人民、依靠人民、成果由人民共享,促进满足人民文化需求和增强人民精神力量相统一"。这既是对新时代以来我国文化建设经验的科学总结,更蕴含了中国特色社会主义文化建设基本规律,对满足人民文化需求和增强人民精神力量辩证关系的把握达到了新境界。

党的十八大以来,以习近平同志为核心的党中央团结带领全国人民,自信自强、守正创新,统筹推进"五位一体"

怎样弘扬中华优秀传统文化

> **拓展阅读**
>
> 总体布局、协调推进"四个全面"战略布局,顺应我国社会主要矛盾的历史性变化,把文化建设放在全局工作的突出位置,满足人民日益增长的美好生活需要,促进人的全面发展,更加自觉地用文化引领风尚、教育人民、服务社会、推动发展,强化文化赋能,为实现中华民族伟大复兴提供了更为主动的精神力量。
>
> 马克思主义中国化时代化的最新理论成果,为增强人民精神力量提供思想引领。满足人民文化需求和增强人民精神力量相统一,是具体的和历史的,而不是抽象的和超历史的。满足人民文化需求和增强人民精神力量相统一,是以马克思主义中国化时代化的最新成果所引领的。在人类思想史上,还没有哪一种理论像马克思主义那样对人类文明进步产生如此广泛而巨大的影响。我们党建党100多年,新中国成立70多年,改革开放40多年,特别是新时代10年,在马克思主义中国化时代化的伟大理论创新和实践创新中,马克思主义这种最宝贵的文化资源,对增强人民精神力量的巨大作用得到了充分证明。
>
> 中华优秀传统文化的创造性转化和创新性发展,为增强人民精神力量提供更基本、更深沉、更持久的文化源泉。中华优秀传统文化是中华文明的智慧结晶和精华所在,是我们

> **拓展阅读**

在世界文化激荡中始终站稳脚跟的根基。要坚持守正创新，把马克思主义基本原理同中国具体实际相结合、同中华优秀传统文化相结合，推动中华优秀传统文化同社会主义社会相适应，传承革命文化、发展社会主义先进文化，从中华优秀传统文化中寻找源头活水，充分展现中华民族的独特精神标识，更好地构筑中国精神、中国价值、中国力量。

对人类创造的一切优秀文明成果的学习借鉴，为增强人民精神力量提供有益滋养。满足人民文化生活需求和增强人民精神力量相统一，需要深邃的历史眼光、宽广的世界视野。中国共产党和中国人民之所以在统筹中华民族伟大复兴战略全局和世界百年未有之大变局中，始终具有一种强大的精神力量和天下胸怀，就是因为有当代中国马克思主义、21世纪马克思主义这个站在世界历史制高点的科学方法论。"人类只有肤色语言之别，文明只有姹紫嫣红之别，但绝无高低优劣之分"，新时代以来，我们始终坚持弘扬平等、互鉴、对话、包容的文明观，以宽广胸怀理解不同文明对价值内涵的认识，尊重不同国家对自身发展道路的探索，以文明交流超越文明隔阂，以文明互鉴超越文明冲突，以文明共存超越文明优越，弘扬和平、发展、公平、正义、民主、自由的全人类共同价值，把跨越时空、超越国界、富有永恒魅力、

> **拓展阅读**

具有当代价值的文化精神弘扬起来。

"浩渺行无极,扬帆但信风。"文化是国家和民族之魂,也是国家治理之魂。满足人民文化需求,增强人民精神力量,是一个复杂的社会系统工程。我们一定要紧密地团结在以习近平同志为核心的党中央周围,巩固马克思主义在意识形态领域的指导地位、巩固全党全国人民团结奋斗的共同思想基础,建设具有强大凝聚力和引领力的社会主义意识形态、具有强大感召力和影响力的中华文化软实力、具有强大生命力和创造力的社会主义精神文明,为新时代坚持和发展中国特色社会主义提供强大精神力量。

25

数字时代古文字的传承和传播

黄德宽

数字时代信息科学与技术发展的日新月异，深刻影响着人类社会的生产和生活方式，人类文明正经历着空前的历史巨变。众所周知，文字与文献的出现是人类文明史上的伟大创造。人类社会生产、经济活动以及社会治理的需求，是推动文字和文献产生的原动力。人类社会的知识创造和积累、传承和传播以及不同文明的交流和互鉴，因为文字与文献的出现，获得了突破时空局限而有效进行的可能。从整个人类文明发展史来看，文字与文献所发挥的巨大历史作用几乎是无与伦比的。

古文字与出土文献作为人类古典文明阶段留存下来的珍贵遗产，是今人认识和探索人类文明历史进程所凭借的最为重要的基本材料。世界上现存于世的古文字中，只有中国古文字资料最为丰富和系统，而且也唯有中国的这一古典文字系统当今依然在传承使用。中国文字与古代文献是传承和传播中华古典文明的重要载体，也是中国古代历史文化的信息资源库。

党的二十大报告强调，增强中华文明传播力影响力。古文字作为中国文字的早期历史形态，在中华文明迈向数字文明新时代的历程中，其传承和传播必须主动面对数字时代带来的挑战和影响，深入思考数字时代的新要求，积极推动古文字数字化进程。数字时代对古文字传承和传播的积极影响是显而易见的。

藏品数字化

依托数字化技术可改变古文字资料的储藏方式，为古文字的传承和传播开辟便捷通道。

中国古文字资料的载体主要是甲骨、金石和简帛等。这些历史文物及其文字资料都是收藏单位的珍稀瑰宝。古文字资料的文物属性，使得其保护和利用成为长期以来困扰收藏单位和古文字研究者的一大问题。除了极少数在博物馆展示的材料外，一般的研究者根本无法接触到古文字实物。数字化技术可使这些古文字文物以多维方式呈现出来，通过网络系统和其他电子媒介将深藏于博物馆的珍贵文字文物资料与研究者和公众分享，为古文字研究、传承和传播提供极为便利的条件，同时也能妥善解决文字文物保护和利用的矛盾。

目前，国际上一些著名的收藏单位已开始尝试将所收藏的古文字文物数字化，并通过信息门户网站部分向社会公布。如果各收藏单位能够有计划地将全部收藏的古文字文物资料数字化并公之于众，必将极大推进古文字的传承和传播。这是古文字适应数字文明时代新需求的一项令人期待的宏大工程。

建立数据库

古文字的数字化可促进各类古文字资源数据库的建立，为古文字研究获取资料提供极大便利。

古文字资料印刷品价格昂贵、不便流通，使得专业研究者和一般读者获得古文字资料极为困难，阻碍了古文字的研究、传承和传播。古文字学成为名副其实的"冷门绝学"。古文字数字化为建立各类古文字数据库奠定了基础，通过数据库可以从根本上突破长期以来制约古文字学发展的资料瓶颈。古文字资料获取的便捷，必将极大地提高古文字研究和学习的效率。

近年来，一些研究单位分别开发甲骨文、青铜器铭文和简帛文献数据库，有些已经开始面向专业学者提供服务。例如，清华大学出土文献研究与保护中心与出版单位合作，将《清华大学藏战国竹简》整理研究报告数字化，建立了《清华大学藏战国竹简》电子书网站。读者通过网站可方便地使用清华简研究成果。同时，中心还开发建立了"楚文字综合整理工作平台"，启动了以清华简为代表的楚文字数据库研制。

改变研究模式

古文字数字化在相当程度上可改变古文字知识的生产方式，为全面提升古文字整理、释读和阐释水平注入强劲动力。

古文字学作为一门新兴交叉学科，需要语言学、文字学、历史学、考古学、文献学等多学科知识积累。进入这一研究领域并取得创新成果需要付出艰辛的努力，古文字学者往往要穷其毕生精力、专心致力于某一研究领域，才能获得一定的成就。因此，古文字知识的生产和创造、更新和换代，不像其他社会科学和人文学科那样快速，长期的知识积累和学术传承在这一学科领域显得更加突出和重要。古文字数字化和信息技术在古文字研究领域的运用，有望改变古文字知识的生产方式。

例如，通过数据库可以为研究者提供检索各类专题文字资料和已有研究成果的服务，节省研究人员资料收集整理的大量人力；运用人工智能技术探索甲骨缀合、竹简编联新路径，甚至尝试进行疑难文字的释读，可为古文字的释读工作提供信息技术支持；采用图像信息处理技术解决文物文字信息提取和辨识的难题，可为正确释读古文字的疑难字奠定文本基础；等等。可以预言，数字化与信息技术的运用，将会改变古文字研究的传统模式，形成与数字时代相适应的古文字研究新方法和新范式。

传播大众化

数字时代提供的各类传播路径和平台，可为古文字传承和传播开辟极为广阔的前景。

传统的传播方式和路径，使古文字知识的传承和传播受到极大局限。对社会大众而言，古文字是那么深不可测，令人望而生畏。

数字时代，网络、新媒体和各类传播平台可以生动形象地传播古文字知识产品，让古文字走进社会、走进大众。人们可在喜闻乐见的轻松氛围中获得古文字知识。通过培育古文字传承和传播的深厚群众基础，尤其是有针对性地加强以青少年为主要对象的古文字数字化传播，对弘扬传承中华优秀传统文化以及古文字学学科的长远发展都有深远意义。

数字时代为古文字的传承和传播带来巨大的历史机遇。古文字学学者要善于把握机遇，努力拓宽视野，主动更新观念，开拓新思路，探索新路径，充分发挥信息技术对古文字与出土文献传承和传播的积极影响。由中宣部、教育部、国家语委等八部门组织实施的"古文字与中华文明传承发展工程"，将数字化作为工程建设的重要内容，统筹安排了多个古文字与出土文献数字化项目。随着工程建设的推进，各建设单位将会结合自身实际，努力探索古文字融入数字化时代的方法和路径，推出古文字数字化研究新成果，积极推动古文字学学科的交叉发展，使古文字在数字文明时代焕发出新的生机。

《光明日报》2022 年 10 月 30 日第 5 版

> 拓展阅读

古文字闪耀智慧之光

李运富

古文字是中华文明的重要组成部分。古文字的产生与流变,闪耀着中华民族的智慧之光,照亮了中华文明的发展方向,也传承着中华文明的基因血脉。

古文字通常指秦代小篆以前的文字,也可以包括汉代以后的传抄古文字和仿制古文字。古文字的起源可以从个体符号来源和文字系统形成两个方面说。晚商殷墟甲骨文被看作成熟的文字系统,代表殷商时期的成熟文明,这已成为共识。

个体字符的起源针对自源文字而言,他源文字往往是成批地借用或改造,不存在一个一个单独起源的问题。自源文字符号的诞生不宜使用语言标准来判断,因为起源阶段的单个符号是否表达了语言单位无法证实也无法证伪。

其实,一个符号或一批符号只要具备下列要件,就可以称为文字:一是符号具有抽象表意功能,能够表示某类事物或某种概念;二是符号构造有理可说,能够类推;三是符号使用不受时空限制,能够反复出现在不同场合。这样的文字

> **拓展阅读**

符号应该是社会发展到事务繁多需要突破时空记录事件、不同语言族群之间交流增多需要非语言沟通时才会产生。

文字的产生除了社会需要，还有赖于人类智能的提升。人们必须具备抽象思维能力，具备辨别不同事物的能力，具备利用载体和工具的能力，具备将实物转化为符号的能力，具备使用符号表达意指的能力，才有可能创造文字。所以文字的产生，既让人类找到了表现自我的最佳方式，也是社会进入文明阶段的重要标志。中华古文字的起源标志着中华文明的成熟。

古文字的构造传承先民智慧和时代文化。汉字的形体构造无论是根据客观事物共象描摹出原生形体，还是根据已有形体所负载的语言音义滋生新的形体，都固化了先祖对客观世界和人类社会的认知。通过对古文字形体结构的理据分析，我们可以推知古人创制汉字的过程及其蕴涵的思想智慧和时代文化。在古文字的构造中，先民的特征意识、象征意识、数量意识、方位意识、时间意识、类别意识、正变意识、关联意识等，时可体悟，深刻影响着中华民族的思维习惯；古代社会的生活状况、物件器具、行业事项、礼俗制度、历史遗迹、科技文化、人事活动、自然环境等，也时有显露，学习和分析古文字可以了解古代历史，传承古代文化。

拓展阅读

古文字的使用传承文献典籍和民族精神。古文字形成系统后,可以用来记录语言,产生各种文献。已经发现的古文字文献有殷墟甲骨文、周原甲骨文、西周金文、春秋金文、战国简牍、先秦玺印、侯马和温县盟书、秦汉简帛和碑刻等。这些文献大都是通过考古发掘重现于世的,一般统称为"出土文献"。通过对出土文献的解读,可以更全面系统地再现古代历史文化。更重要的是,出土文献奠定了汉语汉字的基本体系和使用规则,奠定了各类文体和文学形式,并将文献内容通过经典传承、科举考试、字典规范等培育出民族精神,影响着国家行政和社会治理。先秦古文字文献,经秦汉魏晋至唐宋明清,由汉代《七略》到清代《四库全书》,形成浩瀚的中华古籍文献宝库,历代传承。经典文献是中华文明和民族精神的主要载体,而古文字材料是经典文献的根脉,文献的正本清源离不开古文字。

古文字的演变顺应社会变革和文明进程。古文字并非一成不变,而是与时俱进的,发展到汉代隶书,就进入了今文字阶段。通常把由古文字演变为今文字的过程叫作"隶变"。隶变首先表现为书体及结构的简易化。古文字的形体结构注重理据,比较复杂,书写工具和载体又比较原始,所以书写难度大。随着社会发展和文字使用的广泛频繁,字符的原始

> **拓展阅读**

理据逐渐淡化或被改造，形体逐渐由线条和实块演变为笔画，总体上更便于书写。简便的书写大大提高了文字使用效率，也提高了工作效率，促进了社会发展。在汉字书写的演变过程中，人们还超越实用记录功能，追求装饰性美感和艺术性享受，产生了美术字体和书法艺术。隶变也不限于字体字形，还涉及汉字使用的规范和字词关系的调整。秦代"书同文"不仅类化了汉字的书写体式，更规范了字词的用法，减少了文献歧义的产生，有利于政令统一和文化推广，从而提升了社会的文明程度。

正是因为古文字的文化传承价值，中宣部、教育部、国家语委等八部门联合开展了"古文字与中华文明传承发展工程"，旨在通过对古文字的全面研究，促进中华文明的传承发展。如何将古文字研究的成果推广应用，发挥古文字传承古文明的实际效能，是古文字工程需要完成的任务之一。要通过各种方式，让人们接触古文字，了解古文字，应用古文字，传承古文字。

26

用马克思主义真理力量激活中华文明

郭建宁

党的十九届六中全会通过的《中共中央关于党的百年奋斗重大成就和历史经验的决议》指出,"坚持把马克思主义基本原理同中国具体实际相结合、同中华优秀传统文化相结合,坚持实践是检验真理的唯一标准,坚持一切从实际出发,及时回答时代之问、人民之问,不断推进马克思主义中国化时代化。"中国共产党的历史,就是一部不断推进马克思主义中国化的历史。100年来,我们党持续推进马克思主义中国化,不断开辟马克思主义新境界。马克思主义深刻改变了中国,中国也极大丰富了马克思主义。在新时代,要把握马克思主义中国化和中国道路的辩证统一,用马克思主义真理力量激活中华文明。

把握马克思主义中国化和中国道路的辩证统一

马克思主义基本原理同中国具体实际相结合，关键是解决中国的道路问题。井冈山斗争走出了中国革命之路，改革开放走出了中国特色社会主义之路。没有中国道路，马克思主义中国化就没有落地生根。没有中国化马克思主义，中国道路就缺少理论指引。马克思主义中国化在中国道路的实践探索中形成和发展，中国道路的伟大实践又进一步推进中国化马克思主义发展创新。马克思主义中国化是中国道路的理论形态、经验总结，中国道路是中国化马克思主义的实践形态和全方位呈现。就如同一个钱币的两面，"马克思主义中国化"与"中国道路"的相互映照，充分体现了理论与实践的良性互动和辩证统一。

100年前思想激荡，当时实验主义、实用主义、工团主义、民粹主义、自由主义、无政府主义、互助论等在中国都有较大影响。经过不断的实践检验、思想激荡和选择比较，中国共产党人接受了马克思主义，坚持以马克思主义为指导，持续推进马克思主义中国化。中国共产党人选择了社会主义，坚定不移走社会主义道路，一以贯之坚持和发展中国特色社会主义。从马克思主义发展史看，中国人从100年前马克思主义的译者、读者到今天的作者、创新者，其原生形态、次生形态、再生形态、当代形态（有的存在交叉）大体是：经典马克思主义，苏联马克思主义，中国化马克思主义，当代中国马克思主义。从社会主义发展史看，中国人从100年前的旁观者、观望者到今天的实践者、发展者,其原生形态、次生形态、再生形态、当代形态(有的存在交叉)大体是:社会主义,苏联模式社会主义,中国特色社会主义,新时代中国特色社会主义。

中国共产党100年的理论与实践形成了两个最重要的概念和命题:一个是"马克思主义中国化",一个是"中国特色社会主义"。这两个"八个字",是100年奋斗最核心的凝练、最宝贵的结晶、最重要的成果,集中体现了中国共产党的理论创新和实践创新。"马克思主义中国化"发展到今天,就是当代中国马克思主义。"中国特色社会主义"的不断发展,就是新时代中国特色社会主义。在中国共产党成立100周年之际,回望走过的路,远眺前行的路,中国共产党人把握"中国化"和"中国特色"的理论逻辑与实践逻辑,最重要的就是在新的历史条件下努力开辟当代中国马克思主义、21世纪马克思主义新境界,谱写新时代中国特色社会主义新篇章。

当今世界正面临百年未有之大变局,世界进入动荡变革期,外部环境压力增大,中华民族伟大复兴到了关键时期,改革发展任务繁重艰巨。当代中国马克思主义、21世纪马克思主义的发展前景,是和中国特色社会主义的前途命运息息相关的。没有中国特色社会主义的伟大成就,就不可能有当代中国马克思主义、21世纪马克思主义的发展创新。反之,离开了当代中国马克思主义、21世纪马克思主义的思想引领,中国特色社会主义的行稳致远也是难以想象的。

用马克思主义真理力量激活中华文明

习近平总书记指出:"在近代中国最危急的时刻,中国共产党人找到了马克思列宁主义,并坚持把马克思列宁主义同中国实际相结合,用马克思主义真理的力量激活了中华民族历经几千年创造的伟大文明,使中华文明再次迸发出强大精神力量。"这深刻阐明了"激活"的思想精髓,拓展了马克思主义中国化的丰富内涵。

"结合"是"激活"的根本要求。只有实现马克思主义与中国文化的结合与融合,马克思主义在中国的传播与确立,以及马克思主义的中国化才能成为现实。儒家讲的"知行合一"与马克思主义的实践学说之间,传统文化论述的"天下兴亡,匹夫有责"与马克思主义强调的改造世界之间,中国哲学讲的"一阴一阳谓之道"与马克思主义的辩证法之间,传统文化中的"大同社会"与马克思主义的共产主义理想社会之间,都有某种契合和相通之处。中国传统文化和哲学思想中所蕴涵的唯物主义和辩证法,是马克思主义在中国传播与发展,并为人们选择和接受的思想文化基础,也是马克思主义中国化的文化基因。如果没有中华五千年文明,哪里有什么中国特色?如果不是中国特色,哪里有我们今天成功的中国特色社会主义道路?把坚持马克思主义与弘扬中华优秀传统文化有机结合起来,是用真理力量激活伟大文明的必然选择和基本遵循。中华优秀传统文化是马克思主义中国化的文化土壤,它使马克思主义具有民族性、本土性。马克思主义的传入传播和中国化,为中国传统文化注入新的生机活力,使中华优秀传统文化具有现代性、世界性。两者的结合,激活了中华文明,发展了当代中国马克思主义,创造了中国特色社会主义的伟大奇迹。

"中国化"是"激活"的根本途径。"马克思主义中国化"的提出和持续推进，充分体现了"激活"的理论自觉和实现路径。1938年10月，毛泽东在党的六届六中全会《论新阶段》的报告中明确提出"马克思主义中国化"这一具有重大创新性意义的概念和决定性意义的命题。他在阐述"马克思主义中国化"时关于"成为伟大中华民族一部分而和这个民族血肉相连的共产党员，离开中国特点来谈马克思主义，只是抽象的空洞的马克思主义"的论述，着重强调了马克思主义与中国实践相结合。关于"我们是马克思主义的历史主义者，我们不应当割断历史。从孔夫子到孙中山，我们应当给以总结，承继这一份珍贵遗产"的论述，着重强调了马克思主义与中国文化相贯通。毛泽东在这里如此强调与中华民族"血肉相连"和承继中华文化"珍贵遗产"，表明马克思主义中国化与中华优秀传统文化是密不可分、有机结合的。如何坚守中华文化立场，从延续民族文化血脉中开拓前进，同时激活中华文化生命力、推动中华文化现代化，既是中华文化研究的重大任务，也是推进马克思主义中国化的历史使命。我们党的历史，就是一部不断推进马克思主义中国化的历史，同时坚持用中国化马克思主义推动中华文化现代化，使中华优秀传统文化焕发出新的蓬勃生机。

"双创"是"激活"的根本方法。实现创造性转化和创新性发展，是激活中华文化生命力、增强其影响力和感召力的关键。党的十八大以来，以习近平同志为核心的党中央高度重视中华优秀传统文化，建设社会主义文化强国。习近平总书记关于如何对待中华优秀传统文化有一系列重要论述，强调不忘本来才能开辟未来，善于继承才能更好创新；强调有鉴别地加以对待，有扬弃地予以继承；

强调与当代社会相适应，与现代文明相协调；特别是强调创造性转化和创新性发展。这些论述深刻阐明了文化传承与文化创新的辩证关系，充分体现了中国特色社会主义文化守正创新、固本开新的核心要义。例如，"民为邦本"与以人民为中心、"自强不息"与改革创新、"道法自然"与生态文明、"和实生物"与文明交流互鉴、"协和万邦"与人类命运共同体等，就充分体现了以新的时代内涵激活和增强中华文化生命力，使中华文化历久弥新，中华文明发扬光大。在守正创新中推进马克思主义中国化，创造中华文明新辉煌。

《北京日报》2021年12月13日第13版

拓展阅读

良好的家教家风使人向上向善

马祖云

近日读一篇散文,有一段描写耐人寻味。在幼儿园绿地旁,稚嫩的孩子指着两株茂盛程度有别的桃树,感到疑惑:"为什么两棵树长得不一样呢?"老师略做思考,以"它们的根须长得不同"进行解答,继而阐释了"树靠根长,根深叶茂"的植物知识。看似简单的故事,却蕴藏着深刻的育人哲理。

从某种意义上说,家庭培养与孩子成长之间,何尝不是根与叶的关系。家庭教育是教育的开端,关乎未成年人的健康成长和家庭的幸福安宁,也关乎国家发展、民族进步、社会稳定。习近平总书记强调:"广大家庭都要重言传、重身教,教知识、育品德,身体力行、耳濡目染,帮助孩子扣好人生的第一粒扣子,迈好人生的第一个台阶。"

回溯历史,中华民族家教文化源远流长。孔子庭训"不学礼,无以立",诸葛亮诫子"静以修身,俭以养德",岳母刺字激励精忠报国,朱子家训"恒念物力维艰"……生动的

> **拓展阅读**

家训故事、深刻的家教箴言，映照着言传身教的优良传统，承载着祖辈对后代的寄望，培厚了孩童的精神沃土。从古至今，期待孩子成长成才，是天下父母的共同心愿。今天的人们更加认同，家庭是人生的第一个课堂，父母是孩子的第一任老师；有什么样的家教，就有什么样的人。

"积善之家，必有余庆。"家风好，就能家道兴盛、和顺美满。纪录片《守望家风》讲述了这样一则故事：宁夏回族自治区中卫市沙坡头区南长滩村的拓氏家族，互帮互助，兴教育才，诗书传家。20世纪90年代以来，整个家族出了200多名大学生，更有劳动模范、三八红旗手等。在广袤的神州大地上，类似的例子不胜枚举。事实证明，良好的家教、家风使人向上向善，是家业兴旺的重要基石。

"正家而天下定矣。"家庭文明是社会文明高塔的"累土"，千千万万个家庭的家风好，社会风气才有好的基础。事实上，家庭、家教、家风三者有机统一、紧密关联。家庭和睦，社会才能和谐；家教良好，未来才有希望；家风纯正，社风才会充满正能量。"将教天下，必定其家，必正其身。"奋进新征程，秉持家国情怀的赤子之心，踔厉奋发、笃行不息，每个家庭前进的脚步，终将汇聚成国家的进步。

> **拓展阅读**
>
> 　　始终重视家庭建设，注重家庭、注重家教、注重家风，时时处处给孩子做榜样，用正确行动、正确思想、正确方法教育引导孩子，就能更好助力祖国的花朵向阳生长、绚丽绽放。